艺术体育
高校学术研究论著丛刊

高职体育改革与发展探索

曹晓静　叶　鹏　著

图书在版编目(CIP)数据

高职体育改革与发展探索 / 曹晓静，叶鹏著. -- 北京：中国书籍出版社，2022.8

ISBN 978-7-5068-9149-3

Ⅰ. ①高… Ⅱ. ①曹… ②叶… Ⅲ. ①高等职业教育－体育教学－教学改革－研究 Ⅳ. ①G807.4

中国版本图书馆 CIP 数据核字(2022)第 157281 号

高职体育改革与发展探索

曹晓静　叶　鹏　著

丛书策划　谭　鹏　武　斌
责任编辑　李　新
责任印制　孙马飞　马　芝
封面设计　东方美迪
出版发行　中国书籍出版社
地　　址　北京市丰台区三路居路 97 号(邮编：100073)
电　　话　(010)52257143(总编室)　(010)52257140(发行部)
电子邮箱　eo@chinabp.com.cn
经　　销　全国新华书店
印　　厂　三河市德贤弘印务有限公司
开　　本　710 毫米×1000 毫米　1/16
字　　数　206 千字
印　　张　13
版　　次　2023 年 3 月第 1 版
印　　次　2023 年 5 月第 2 次印刷
书　　号　ISBN 978-7-5068-9149-3
定　　价　80.00 元

版权所有　翻印必究

目　录

第一章 高职体育概述

与普通高等院校相比，高职教育有着自身特殊性，主要体现在它的专业性、职业性和短期速成性等几个方面。学生通过在高职院校中接受的专业化、职业化教育能迅速适应和投入社会建设之中，实现自我与社会价值的发展。高职体育教育也如此。

第一节 学校体育概述

一、学校体育的演变与发展

(一)学校体育的萌芽

学校体育可以说是人类文明产生与发展的重要产物，其产生与发展是一个长期的、循序渐进的过程。通过古籍文献、学术研究可知，有关学校体育起源于劳动、战争、宗教、游戏等的记载比较多。在原始体育、体育文化及体育教育的产生与发展过程中，人类实践中的劳动、战争、宗教、游戏等多样性的活动均发挥了重要作用，其中起决定作用的是人类物质生产活动——劳动。劳动也是其他一切事物产生的根源。

人类为了生存，在平时的劳动中会有意培养与提升自己的劳动技能，人们在传授与发展劳动技能的过程中，体育教育就这样开始萌芽了，而且人类在劳动过程中也逐渐形成了一定的自觉意识，自觉意识的产生促进了人类自觉性、能动性的活动的产生，这是从人类的本能活动过渡而来的，本能活动源于人的身心发展的本能需要，能动性活动源于人的自觉意识。

人类社会各个方面都与生产劳动有着密切的关系，如宗教、巫术、战争等，原始社会环境是复杂多变的，在复杂的历史环境中逐渐孕育了原始的体育教育。

在原始教育产生的初期，人们将培养青少年成为合格的成年人作为教育的目的。在落后的社会生产生活条件下，原始教育没有专门的机构（如学校），也没有专门的教育工作者（如教师），所以当时不存在学校体育教育，国内外都是如此。之后随着人类社会劳动生产水平的提升，学校体育才产生并发展。

体育与劳动教育同样都属于教育的重要内容，但是二者不能混为一谈。原始社会体育教育产生的过程并不是长辈将劳动生产技能和生活经验技能等传授给年轻一代这么简单。尽管劳动技能教育在体育教育的产生与发展中发挥了举足轻重的作用，但不能简单地将劳动技能教育称作体育教育，体育和劳动毕竟是两个概念。体育和劳动虽然有相同之处，即都以身体活动为主要内容，但二者依然存在本质上的区别，这主要体现在二者的目的上，劳动技能教育是以获取物质财富为直接目的的，而体育教育则是以强身健体、全面发展为主要目的，二者的区别还是十分明显的。

总之，体育教育起源于原始人的生存活动尤其是生产劳动中，体育教育萌芽期的主要内容是向青少年传授成为合格成年人所必须掌握的技能，通过学习与训练而使青少年通过成人接纳仪式，但具体教育内容、教育形式则因地域不同、历史背景不同而有所差异，如有的地方注重培养青少年的体能素质，有的则注重培养人的精神面貌，但是其本质都是对人的身体教育。伴随着时代的不断发展，学校体育也就应运而生。

（二）我国古代学校体育的发展

我国古代学校从奴隶社会就开始出现。公元前 21 世纪左右，我国出现了第一个奴隶制王朝——夏，经过商、西周和春秋时期，逐渐向封建社会过渡，与此同时，我国古代体育的雏形逐步形成。随着生产活动和社会分工的发展，以及频繁的战争、学校的产生以及宗法制度的形成，使原始社会融多种功能于一体的体育开始分化为军队身体技能训练、学校体育教育、民间游戏娱乐以及卫生保健等不同的形式。

下面分析历代我国学校体育教育的发展情况。

1. 夏至春秋时期

据古籍记载，夏代已有称为“校”“序”“庠”等不同名称的学校。有人认为，夏代的“校”已经发展成一种较为完备的军体性教育机构。

商代已出现“大学”和“庠”两级施教的学校教育。

西周时，学校形成了较为完备的教学系统。学校分为“国学”和“乡校”两种，教授六艺——“礼、乐、射、御、书、数”，其中“射”“御”两艺和“乐”的一部分属于体育教育的范畴。“射”主要是学习射箭技术；“御”主要是学习驾驶车马的技术；而乐舞的学习以队列步法练习、身体锻炼等内容为主。

在奴隶制学校教育中，学校是为奴隶主贵族子弟设立的，礼乐和军事是主要教育内容。目的是把贵族子弟培养成为具有政治道德和军事技能的统治者接班人。在这一时期，学校体育的发展还存在着很大的局限性，处于一个萌芽发展阶段。

2. 战国至秦汉三国时期

战国至秦汉三国时期，我国社会经济得以迅速发展，这为体育教育的发展奠定了良好的基础。这个时期的体育在思想认识、活动内容上都有较大发展，初步奠定了古代学校体育发展的基础。

儒家教育思想中的礼、乐、射、御等都是有关体育的内容。继秦始皇焚书坑儒后，经过近百年的徘徊，汉武帝采纳了董仲舒“罢黜百家，独尊儒术”的建议，确立了儒家思想的正统地位，开创了“重文轻武”的先河，重视休闲娱乐活动的教育功能。儒家认为立家治国之本是维护等级名分制度，导致学校体育停滞不前。

3. 西晋南北朝至隋唐五代

西晋、南北朝、隋唐至五代，我国封建社会继续向前发展，体育教育的发展也进入前所未有的繁荣阶段，这一时期的体育教育随着社会政治、经济的发展而空前发展，运动项目不断丰富，体育活动方式更加多样化，人们对于体育活动的兴趣开始逐步加大。

传统儒家思想对我国社会各个层面的影响都非常大，最初，习武不受社会和人们的待见，但随着时代的发展，这一观念得到了扭转。发展到唐朝时期，武则天开创了对整个社会习武产生深远影响的“武科举”，使社会上形成了尚武风气，并因此而促进了军事体育的发展。唐朝体育的复兴与蓬勃发展也与当时朝廷吏部用人标准的变化以及社会审美观(体貌丰伟)的变化有很大的关系。唐朝时期，武术盛行，民间习武氛围浓厚，中华武术在这一时期获得了快速的发展，这也为学校体育教育的发展奠定了必要的基础。

4. 北宋至清末

北宋至清末是我国古代学校教育发展的重要时期。这一时期社会文化呈现出宋明理学和市民文化并存的特征，这一文化现状导致当时的体育教育与之前的发展轨迹发生偏离。宋明理学高度推崇与强调重文轻武思想，在很大程度上摧残了统治阶级的“八股”取士制度，这对于我国古代学校体育的发展是十分不利的。

宋明时期，军事训练、教育开始得以复兴，宋代还设置了“武学”这一专门的军事学校。宋以后，武术运动的发展逐渐自成体系，按自身的规律循序渐进地发展，不管是武术理论还是武术实践，都取得了不错的成果。

宋明以后，体育教育开始朝着多元化的方向发展。当时只有在全国的节令活动以及民间民俗活动中才能开展传统体育活动，传统体育对民间民俗的依附性较强，封建体系束缚着传统体育的发展，使得传统体育的运行轨道和发展趋势无法发生根本性的转折。

宋、元、明、清时期，民间非常重视通过运动手段来达到保健和康复的目的，比较流行的保健手段有养生术、炼养术、导引术。八段锦、易筋经作为导引术的重要内容，在这一时期逐渐流行。

在整个封建社会时期，儒家思想占据着极为重要的地位，对社会各个层面都产生了重大的影响。儒家思想影响了统治者的用人标准和对人才质量的评判标准，因而也对体育的发展造成了抑制与阻碍。在畸形用人制度下培养的人才不可避免也是“畸形”的，这也是封建社会体育教育无法获得较大发展的重要原因。

综上分析，我国封建社会跨越了好几个时代，特殊的历史时期造就的传统体育、体育教育都具有鲜明的封建特色，这与封建社会的经济方式（农业经济）、政治制度（中央集权制）以及思想文化（儒家文化）有着必然的因果关系。中国传统文化背景下，强调个人对集体的依附，强调二者的隶属关系，这不是个人可以自由选择的。所以，尽管我国古代体育教育起步早，但在漫长的封建社会中因为政治、经济、文化等各方面的影响而无法成为学校教育中的重要内容之一，其不仅在学校教育中的地位低下，甚至有时学校教育中容不下体育，被排除在外，导致古代体育教育的发展整体上不容乐观。

（三）我国近代学校体育的发展

我国近代体育教育的发展主要体现在两方面，一方面是我国古代体育教育的延续与发展，另一方面是从西方国家传入我国体育的发展。我国体育在古代时期一度空前繁荣，但从清朝开始，我国体育的发展与欧洲体育的差距十分明显，之后差距越来越大，这与当时的社会政治、经济以及文化思想的影响有着极为密切的关系。

我国学校体育在新中国成立后的发展经历了下列几个阶段。

1. 初创阶段（1949—1957 年）

在初创阶段，我国建立了学校体育管理体制，制定了相应的管理规定，建立了体育人才培养体制，并且先后建立了 11 所体育学校和 8 所体育学院，在 38 所高等师范院校设立体育系、科，体育师资得到培养。这一时期我国学校体育具有一定的政治与军事目的，其发展都是为了国家与安全而服务的。

2. 过渡阶段（1958—1965 年）

20 世纪 50 年代，受社会历史方面因素的影响，我国学校体育的发展受到了一定程度的制约。因此“调整、巩固、充实、提高”（“八字方针”）被提出，学校体育进入快速发展轨道。

3. 困难阶段(1966—1976 年)

这一时期,社会各个层面的发展都受到了"文革"影响,学校体育教育自然也不例外。即便如此,国家仍然重视学校体育课和课余体育运动。

4. 转型发展阶段(1977—1992 年)

改革开放后,我国学校体育进入新的发展阶段。尤其是进入 20 世纪 80 年代后,我国学校体育的发展呈现出科学化、制度化等趋势。我国在这一时期颁布《体育法》,在法律层面确定了学校体育的地位,在此之后学校体育得以迅速发展。

5. 新发展阶段(1993 年至今)

这一时期,我国加大了学校教育体制改革力度,加快了校园体制改革进程。《中共中央、国务院关于深化教育改革,全面推进素质教育的决定》指出,高等教育的发展需要通过多种形式来实现,要全面提高高等人才的综合素质,要积极培养有利于社会主义市场经济建设的全面型人才。为响应号召,地方政府在校园建设中增加资金投入力度,高校不断扩大招生规模,这些举措促进了学校建设的社会化发展。在这一时期,我国学校体育呈现出以下特征。

(1)人物矛盾不断凸显。近年来,随着招生规模的扩大,学校体育场地设施明显不足,难以满足学生参与体育运动的要求。此外,学生大量增加,需要配置足够的教师才能顺利进行体育教学,但是有很多学校面临着师资问题。

(2)学校体育建设的指导思想比较杂,不同地区学校体育的发展存在明显差异。由于不同地区的经济与社会发展呈现出不平衡,在此影响下,学校体育发展水平也极为不平衡。

(3)学校体育缺乏有效的组织与运行模式,难以充分激发与调动学生的体育动机,从而增加了在学校体育工作中落实素质教育方针的难度。

进入 21 世纪,学校体育步入快速发展阶段,尤其是"北京奥运会"的成功举办和"全国亿万青少年学生阳光体育运动"的全面启动为学校体育建设提供了巨大的动力。学校体育发展得到全社会的关注与重视，迎来了快速发展的契机。

二、学校体育的特征与功能

(一)学校体育的特征

1. 客观性与时代性

伴随着时代的不断发展，社会各个方面也在日益更新和完善。学校体育的发展就是如此。学校体育是在特殊的空间环境下结合当时的时代背景而形成与发展起来的，是社会客观发展的产物。时空环境是学校体育文化赖以生存与发展的重要条件，这一条件对学生参与体育运动有重要影响。不同时代的政治、经济、文化等因素都会影响当时学校体育的发展，只不过是影响的程度不同。

2. 系统性和人文性

学校体育是一个巨大的系统，系统内涵盖诸多要素。这些要素按照一定的规律组合而成，不仅包括物质层面的因素，还包括思想观念、精神品质等深层因素。我们可以将学校体育看作社会体育文化在学校这个特殊环境中的反映与折射，学校体育对师生的影响是全面的、持久的、深远的。

在学校体育教育中，身体活动是最为直观的表现形式。学校体育包含大量的运动项目，因而也包含大量的身体活动，而人的生物属性、人文精神能够从其身体活动中直观反映出来，这也体现了学校体育的人文性特征。在人类发展历史中，最原始的交流手段就是肢体语言，它也代表了原始社会时期的文化思想。不同类型的肢体语言形式各异，内涵丰富，这是人类创造力和智慧的体现。学生参与学校体育活动，通过身体活动即肢体语言来理性地表达自己的本能，学生本能的身体活动最终指向个体的发展，这是学校体育功利性的表现。学校体育中的身体活动从直观上来说是学校物质体育文化的范畴，但其背后蕴含着深刻的精神文化内涵，因而被纳入精神文化领域，正因如此，学校体育才能获得可持续性的发展。

学校体育能在很大程度上影响学生的发展，这是学校体育一个非常重要的功能，即育人功能。学生将来步入社会，其在学校教育阶段受到的体育文化的熏陶依然对其有重要影响。因此要积极营造良好的学校体育文化氛围，使青少年在良好的氛围中成长、成才，使这种积极影响伴随一生。在学校体育建设中，不仅要促进学生体质的发展，还要加强其道德品质的培养，使得学生获得全方位的发展。

3. 延续性和继承性

延续性与继承性是学校体育一个非常重要的特征。学校体育的延续性主要从学校体育传统、体育风气中体现出来。学校体育传统与风气是一种集体的行为风尚，是校风的重要组成部分之一，其具有相对稳定性、普遍性和重复性，是基于丰富多彩的学校体育活动而形成的，它是对学校体育环境与体育氛围的反映。

学校体育传统与学校体育风气虽然都是学校体育文化的组成部分，但二者是存在区别的，学校体育传统是从之前继承与发展而来的，这种继承是纵向性的，而学校体育风气形成后，它的传播是横向性的，长期存在的体育风气久而久之可能形成体育传统。

在学校体育中，学校体育文化不是一朝一夕形成的，体育风气也不是短时间内就产生和传播的，体育传统的形成更是需要很长的时间，这需要每个校园人的参与和付出，尤其需要师生坚持不懈的努力与协同配合，只有师生密切配合，学校体育建设与发展才能步入正轨，获得可持续发展。

4. 多样性和灵活性

与一般的教学活动相比，学校体育活动内容丰富，形式多样，如常见的有早操、课间操、运动队训练、体育文化节、学校运动会等。学生可以自己参与学校体育活动，也可以结伴参与，或参与班级、年级、全校的集体性体育活动，学生也可以根据自己的喜好参与学校体育社团、体育俱乐部的活动，可见，学校体育文化的表现形式是非常丰富的，学生可以根据自身情况灵活参与各种活动。

学生要积极参与学校体育活动，发挥自己的主体性和能动性，教师要提供指导，但应以辅助性指导为主，不能过分干预学生，要给学生留下充足的空间，使其自由而灵活地参与各种体育活动，培养兴趣，养成良好的习惯。学校有些体育活动是学生必须参加的，除了上体育课外，学生必须参加早操、课间操活动，但其他课外活动不能强迫学生参与，应遵循自愿参与原则，可以鼓励学生自觉主动地参与各种课外活动，在各种活动中接受教育，获得全面发展。

5. 闭合性与广泛性

学校体育的闭合性主要体现在学校体育组织上。学校可以说是一个大组织，这个大的组织内部包含若干层次分明、相对集中的小组织，其中就包括形式多样的体育组织，它们构成了学校体育的重要内容。学校体育组织的形态相对闭合，但组织的活动内容是开放的，各种体育组织构成了学校体育文化圈，其中包含体育协会、体育俱乐部、体育专业、运动队等。正是在这些要素的集体配合下，学校体育才得以快速发展。

在学校体育中，学校体育活动既有正规的有组织的运动会、各种体育比赛等，也有学生自发组织的轻松有趣的活动；既有竞技体育活动，也有娱乐性活动；等等。除了内容广泛外，学校体育也具有非常广阔的活动空间，不局限于操场、体育场/馆和教室，可以延伸到社区公园、广场等广阔空间，学校有时还会组织登山、定向越野等户外运动，活动空间延伸到大自然中。这就是学校体育的广泛性特点的体现，这也是学校体育课受到学生欢迎的重要原因所在。

（二）学校体育的功能

1. 教育功能

大量的实践表明，利用体育手段能够很好地培养人们的现代意识与心理行为，通过各种体育手段也能达到培养人才的目的。人们经常参与体育活动，能够逐渐形成正确的价值观和积极的人生观。体育的活动性、竞争性、礼仪性、技艺性等都是体育文化独特性的体现，体育活动是对体育文化价值进行传播的重要载体，大型体育活动尤其是国际性体育活动往往能够起到宣扬道德文化、激发爱国情怀、强化民族情感的作用，这类体育活动无时无刻不在告诉人们要与社会发展协同一致，要与国家发展紧紧相连。体育礼仪高雅、竞争激烈、技能高超、表演精彩，体育比赛中胜利者喜极而泣，失败者悲壮沉痛，这些情感与元素都潜移默化地影响着置身于社会环境下的每个人，也因为有这些元素和特征存在，运动场上往往会有非常复杂的情感交流产生于国与国之间、民族与民族之间、运动员和队友之间、运动员与对手之间以及运动员与观众之间，运动员的荣誉感、责任感、民族意识、民族情怀、民族尊严等情感能够在国际比赛上被激发出来，这充分体现了体育的情感教育功能，起到了非常重要的社会教育作用。学校体育的这一作用和效果是其他教育形式不能比拟的。

与其他教育形式不同，学校体育教育具有动态性、社会性等特点，要求学生直接参与，而且在活动中要求身心合一，学生参与开放性的体育活动，不仅能够直接地表现出自己的运动能力和运动水平，还能表现出自己的心理活动，如体育态度、体育参与动机、运动情绪、运动意志、运动注意力等，学生毫不掩饰地表现出自己的身体活动和心理活动，全身心地投入体育活动之中，能受到良好的熏陶和教育。

学校体育还可以对学生进行多方面的教育，如对学生的道德品质、良好个性进行培养，促进学生思想道德水平的提升，使学生在体育实践中学会明辨是非，分清善恶，判断真假，并在实践中提高行动力和运动能力。体育竞赛纪律严明，规则严格，举办校园体育赛事，可以培养学生遵守纪律的意识与习惯，还能对学生的集体主义精神、审美能力、决策能力进行培养，并能使学生变得意志顽强、思维果断。总之，学校体育对学生的教育是全方位、综合性的，具有非常重要的教育功能，这也是学校体育在当今社会越来越受重视的原因之一。

2. 社会功能

人们要想在社会上很好地生存与发展，就需要具备良好的行为能力，要遵守行为规范，要养成良好的行为方式习惯，而参与体育运动可以帮助人们获得这些“生存/生活能力”。人们在体育活动中充分发挥主观能动性，准确判断，快速思维，遵守体育道德标准，并与他人相互沟通交流，互相理解与尊重，形成积极的人生态度，这有利于人们形成良好的社会个性，推动个体社会化进程。学生将来也是要走向社会、适应社会的，学校体育就起到这样一种社会教育功能，能帮助学生快速适应社会。

学校体育具有自身的特殊性，如要求学生亲身参与，存在一定程度的对抗，人际交往频繁，活动形式多样，要求团队团结协作，等等。正因如此，学校举办的各种体育活动为学生提供了与社会实践模式相似的环境，学校提供的这种环境也可以看作是社会规范教育场所，在这个特殊的场所与环境下，每个学生都有自己的角色，即扮演相应的“社会角色”，学生要抓住这个机会而扮演好自己的角色，履行好为这个角色所赋予的职责。在体育活动中扮演角色这既是学生的个性行为方式，也是学生实现社会化进程的重要途径。学生在角色扮演中，要认清自己的地位，了解自己的行为规范和社会规则，力争在将来毕业后更好地融入社会，实现自我与社会的共同发展。

3. 传播功能

学校体育也具有重要的传播功能。在社会文化活动中，人们参与活动，享受文化成果，并相互交流，围绕文化而互动，个体之间、集体之间、个体与集体之间、组织与组织之间的文化互动促进了文化的传播。从人类社会文明的发展历史来看，社会的发展离不开人们的互动与沟通，尤其是关于信仰方面的沟通与交流。社会成员围绕体育活动而相互交流，体育文化在社会上的广泛传播缩短了社会距离，增加了社会亲密度，打破了社会成员之间的时空隔阂，使人与人之间关系更紧密，从而在频繁的互动、交流、沟通中推动社会发展。

伴随着时代的不断发展，体育与社会大众之间的关系越来越密切，作为社会成员的学生理应利用各种传播媒介去认识和了解学校体育，并自觉加入学校组织的各种体育活动中，推动学校体育的传播与发展，而学校体育的传播与发展则又能反过来推动人与社会的发展。

4. 辐射功能

学校体育对学生的成长与发展都是非常重要的，学校体育能培养学生成为健康的、适应社会需要的全面发展的人。同时，学校体育还能培养学生健全的人格，这是其立足社会、适应社会发展的重要基础。

另外，学校体育还能培养学生良好的文化素养，塑造学生的健康人格，使学生在体育活动中产生愉快轻松的情感体验和良好心境，保持对生活与学习的积极态度，理智应对学习与生活中的问题，积极接纳自己，认可自己，表现自己，并对他人主动接纳、主动理解，正确认识周边环境及自身与外界的关系。此外，学校体育的辐射性还体现在学生在学校体育活动中形成的各种能力与品质将影响其未来社会生活，学生将来步入社会，会面对各种复杂的社会问题，通过学校体育教育，能培养学生建立处理这些复杂问题的能力，促进学生的社会适应能力。

三、学校体育文化

（一）学校体育物质文化

学校体育物质文化指的是学校开展各种体育工作（体育教学、体育科研等）与体育活动所需要的物质环境与条件的总和。学校体育物质文化是学校体育文化的表层内容，也是物化的学校体育文化内容。学校体育精神文化与制度文化的存在与发展都要以体育物质文化为基础，而学校体育物质文化又是由学校体育精神文化与学校体育制度文化所创造的成果。学校体育文化体系中，体育物质文化作为载体发挥着非常重要的作用，如营造良好的校园体育文化氛围，促进人际沟通，建立和谐人际关系，为学生参与体育活动提供良好的基础保障，丰富学生的业余文化生活。

下面要素构成了学校体育物质文化体系。

1. 体育设施文化

一般来说，学校体育设施主要包括学校体育场馆、运动场地、运动器材与设备、各种设施的布局以及接待和服务能力等。充足的体育设施是学校开展体育工作和体育活动的基础条件。体育设施少，且现有体育设施接待能力差的学校在开展体育教学、课外体育活动的过程中会受到很大的阻碍，甚至难以开展正常的教学活动。

目前，很多学校都意识到体育设施的重要性，开始大力建设体育场馆，购置、维护体育器材、设备，并合理布局体育设施，提高体育设施的服务能力和接待能力，促进学校体育物质文化的发展，从而满足学校体育教育的需要。

2. 体育环境文化

体育环境文化主要指体育场所、体育建筑、体育雕塑，此外，体育场所中背景图、宣传画的设计和布局，灯光、音控及人员密度等均属于体育环境文化的范畴。加强体育环境文化建设也是非常重要的，这能为学生参与体育学习提供良好的基础。

建设学校体育环境文化的主要意义在于既可以为学校环境的整体建设发挥作用，又可以通过建设良好的学校体育文化环境而达到育人的目的。苏联著名教育家苏霍姆林斯基曾说，要让校园的墙壁都能说话，这反映出学校的一切活动和设施都蕴含着显性或隐性的育人因素，具有潜移默化的育人功能。

在当今社会背景下，学校体育环境的营造应充分体现既符合自然环境的规律性要求，又反映时代发展和进步的特征。此外，学校体育环境还要追求审美与人文精神的结合，通过学校体育环境文化建设可以有效提高师生的审美意识与能力，对于学校体育教育的发展是非常有帮助的。

3. 体育项目文化

体育项目文化是指学校在开展体育教学、体育科研和课外体育活动的过程中涉及的体育教学科目、体育科研项目及体育活动项目的种类，以及实施项目的内容、方法与步骤等。就某一种体育项目而言，又包括项目的历史渊源、文化背景、技战术、练习内容与方法、体育组织与管理等。这些内容对于学校体育的发展都非常重要。

需要注意的是，在学校体育项目文化建设的过程中，无论确立何种体育项目，都应分清条理，理顺关系，既注意每个项目的内在联系，又要注意不同项目之间的互动关系，科学合理地组织与实施各个项目活动，这才符合事物发展的规律。

4. 体育宣传文化

体育宣传文化是指通过各种媒体宣传手段，对师生员工进行体育文化意识和体育文化精神的宣传和教育。加强体育宣传文化建设，有助于使学校师生员工形成高尚的体育道德风貌、坚韧的体育精神、良好的体育品质。建设体育宣传文化必须体现时代性，坚持与时俱进，开拓创新，要充分体现体育文化对促进社会主义精神文明建设的作用。体育宣传文化的宣传手段属于物质层面的内容，而其产生的影响、效果和作用则属于精神文化层面的内容。体育宣传文化对于学校体育的可持续发展具有深远的影响，在平时的文化建设中，一定不要缺少了这一方面。

5. 体育人员文化

体育人员主要指的是体育人才，体育人员文化是指学校体育教师、体育教练、体育科研人员、体育管理人员等体育工作者的文化素质，包括他们的体育观念、体育态度、体育运动水平、体育道德品质、体育知识结构等，其体育文化素质的高低对于学校体育文化的建设具有重要的作用。

学校体育人员的文化水平和素质对学校体育文化建设产生很大的影响。体育人员的整体文化水平高，学校的体育环境、体育教学水平、体育活动质量就好。因此，在学校体育文化建设中要注重培养与提高体育人员的文化水平和素质。

总之，学校体育物质文化对营造良好的学校体育文化氛围，为师生员工创造优良的体育活动环境，塑造坚韧的体育精神和高尚的体育道德具有十分重要的作用。学校体育物质文化凝聚着全体校园人的智慧和汗水，是师生员工在体育活动过程中创造的成果。

（二）学校体育制度文化

一般来说，学校体育制度文化主要包括以下两方面的内容。

1. 学校体育活动规范

学校体育活动规范主要是指学校中与体育相关的一系列规章制度，包括各种体育管理制度，如教学管理制度、训练管理制度、科研管理制度等。除了常见的管理制度外，学校体育传统、学校体育相关规定、学校体育竞赛等具有规范性的内容都属于学校体育活动规范的范畴。这些内容兼具显性课程和隐性课程的特性。学校体育规章制度是所有学生在参与各种体育活动中都应该遵守的准则与规范，学生的体育行为受到学校体育规章制度的约束与引导。除了有明文规定的规章制度外，还有一些约定俗成的没有明文规定的规范与准则，这些内容学生也应该自觉遵守。这些活动规范对于学生日后在社会中生存与发展都能起到重要的作用。

2. 学校体育行为方式

学校体育行为方式主要是指学校体育长期发展中形成体育习惯、体育风气、体育传统，同时包括学校体育的组织方式、学校体育活动在学校活动中的地位等。学校体育行为方式直接影响学校体育文化特色和学校体育文化的建设与发展方向。而学校体育行为方式的形成与发展又受到学校文化的制约和影响。不同学校的体育文化建设思路不同，建设的理念和指导思想也有差异，这与各个学校办学的规格、思想、条件以及其他方面存在的差异有关。但不同学校体育文化建设应包含体育文化的各个要素，这些要素之间的联系非常密切，共同推动着学校体育教育的发展。

总之，学校体育制度文化是学校体育的综合形态，对促进学校体育活动的有序开展、促进学生的全面发展具有重要的意义和作用。

（三）学校体育精神文化

学校体育精神文化也是学校体育文化的重要内容和组成部分。它是学校师生员工在学校这个特定的空间中，依托学校体育环境，在参与体育活动实践的过程中所形成的体育精神文化，主要内容包括体育价值取向、体育道德情感、体育精神追求、体育思维方式等。学校师生员工的体育道德品质、体育意志品质等都体现在学校体育精神文化中。学校体育精神文化是学校体育风格的浓缩，是在长期的学校体育文化实践中形成的，是学校师生、员工长期共同努力的成果。

学校体育精神文化具有时代性、民族性与多样性特征。学校体育精神文化在学校体育各个领域都有不同程度的渗透，主要从学校体育行为主体和各种体育载体中体现出来。虽然学校体育精神文化是看不见、摸不着的，但校园人时刻都能感受到体育精神的存在，在各种体育活动中都能体现出精神文化。

学校体育精神文化的形成不是一时一日而成的，而是一个长期发展与累积的结果。在学校体育教育中，由于个体差异性的客观存在，决定了每个人的力量和作用是不同的，而且最终的效果也有差异。但是学校体育精神具有超前性，它获得了校园人的广泛认可，尤其是体育价值取向、体育观念因为被广大校园人认可而具有强大的向心力，也使校园人之间形成了巨大的凝聚力，这种情况下，虽然不同校园人在校园体育实践活动中发挥的作用和力量有大小区别、方向差异，但他们有共同的目标，基于此而形成了巨大的合力，这种合力激发着校园人积极参与体育活动，实现自己的价值，这对于学校体育文化的建设起到了非常积极的作用。

第二节　高职体育的地位与作用

与一般的学校教育不同，高职体育的专业性、职业性、实用性更强，因此在整个社会发展中也扮演着非常重要的角色。高职体育的地位与作用是十分明显的，这在社会经济发展中得到了非常明显的彰显。

一、高职体育的地位

高职体育是我国学校教育的重要组成部分，它在培养全面发展的现代化人才方面发挥着举足轻重的作用。高职学生在校期间不仅要学习专业理论知识和实践技能，还要接受系统而专业的体育教育，积极学习体育知识，掌握运动技能和方法，自觉参与体育活动，以促进意识的提升、能力的增强和个性的发展。良好的身体素质是学生赖以发展的基础，如果身体出现了问题，就难以学习专业知识与职业技能，将来进入社会后难以充分发挥自己的价值，为祖国建设做贡献。体育是增强高职学生体质的重要手段，高职体育不仅有利于提升学生的身心健康水平，还能培养学生的智力、道德、个性，对促进学生思维能力、想象能力、注意力、记忆力、创造力、合作力等方面的发展均有积极效果。此外，高职体育还能培养学生的体育意识、体育兴趣、体育理论素养和运动能力，为国家培养大量的高素质人才，不论是对于我国竞技体育还是整个体育事业的发展都具有深远的影响和意义。

大学生可以说是推动国家科技发展的生力军，在现代社会，大学生肩负着重任，因此在学习专业知识和技能的同时，还要多参与体育运动，养成锻炼身体的好习惯，把体育作为自己日常生活中的一部分，重视体育锻炼。高职院校在体育教育中，要兼顾体育的短期效益和长远效益，既要保障学生在校期间的身心健康，为学习专业知识打好健康基础，又要培养学生的终身锻炼意识与能力，为将来走向社会、适应社会奠定良好的基础。

二、高职体育的作用

在当今时代，人们的休闲娱乐需求、健康审美需求等越来越强烈，这就为体育的发展创造了良好的契机。当今社会，体育已成为现代人生活态度和生活方式的一种体现，也在一定程度上反映了人们的生活质量。体育对作为国家栋梁的高职学生具有更加深远的影响，充分发挥高职体育的“育人”作用，能够结合高职专业教育培养出更多的栋梁之材。总体而言，高职体育的作用主要体现在以下方面。

（一）提高学生体质水平

学生正处于青春发育期，高职院校对不同年级的学生设置不同的体育内容和形式，有效组织各年级体育活动，能够进一步增进大学生的身心健康，促进体质健康水平的整体提升，也能帮助大学生塑造健康体态，提升社会适应能力，为将来适应该社会工作环境打下基础。

在平时的学校体育教育中，高职学生通过体育学习，参与体育活动，掌握身体锻炼的科学理论与方法，提升身体活动能力和运动技能水平，从而使体力更充沛、运动能力更强、智力水平更高，为将来适应社会奠定了良好的基础。

（二）完善学生心理品质

高职学生的心理发展具有鲜明的个性特征，具体表现为具有较强的自我意识，性格虽然较之前稳定，但还没有达到成熟的程度，意志的稳定性有所增加，但仍具有不平衡的问题。鉴于大学生的心理发展特征，可以充分发挥高职体育促进大学生身心协调发展和个性发展的重要作用与功能。高职学生在参与体育运动时，体育中的竞争、交往、拼搏、合作等因素有利于促进其心态的稳定，使其拥有良好的自我调控能力。

高职学生在参加体育教学活动的过程中，既能体会成功的喜悦，又能感受失败的苦楚，不管是成功与失败，都只是一种结果，而能够从中总结经验、吸取教训才是最重要的。高职学生只有不断参与，不断体验，才能促进自身的全面发展。

（三）传授学生体育技能，培养学生终身体育习惯

伴随着年龄的增长，高职学生的神经系统功能不断完善，神经灵活性、抽象思维能力较中学时期明显提高，而且拥有良好的综合分析能力，再加上大学生独立性强，求知欲旺盛，对体育的认知能力明显提升，因而对体育锻炼的需求和参与动机变得强烈，能够积极主动地参与体育锻炼，自觉学习体育知识和技能，科学掌握身体锻炼方法，有效提升自己的体育文化素养。高职体育除了能够给学生传授体育知识和技能，还能综合提升学生的体育素养，对学生的终身体育习惯进行培养。

（四）挖掘与培养竞技体育后备人才

大量的事实表明，高职院校在我国体育事业发展中起着重要的作用，这主要得益于其发展体育的优势，如群众基础广泛，体育设施条件优越，体育氛围良好，师生素质较高。借助这样的优势来挖掘与培养高职院校中运动天赋强、运动基础好的人才，有助于培养出优秀的体育后备人才，这些人才可以是为国争光的优秀运动员，也可以是在群众体育事业中做出突出贡献的体育骨干，他们对于我国体育强国建设及社会主义现代化建设都具有重要的意义。

(五)培养和提高学生职业素养

高等学校教育的主要目的在于培养学生的德、智、体、美、劳等全面发展,为社会主义现代化建设培养全方位的人才。为了实现这一教育目标,高职体育中不断渗透德育,大学生的思想道德品质在其体育行为中得到充分体现。高职院校中的道德教育能有效培养和提高学生的道德水平和职业素养,帮助学生更好地适应社会。

第三节　高职体育的主要形式

一、体育课程

在高职教育计划中,体育教育是重要组成部分之一,体育课程是体育教育的载体,是高职院校的一类基本课程,也是高职开展体育工作的核心环节,是实现高职体育目标的一项重要手段。高职院校开设体育课程,主要是为了通过组织体育教学和体育锻炼,培养大学生的体育意识和锻炼习惯,促进大学生运动能力、健康能力的提升,同时对大学生进行道德教育,促进大学生全面发展,使其成为合格的、优秀的社会主义事业的建设者。

高职体育课程的建设对于学校体育教育的发展而言非常重要,为此,教育部门不断制定与更新相关政策与制度,从制度上保障高职体育课程建设的科学性,不断推进课程质量的提升。

二、课外体育活动

与一般的高等院校相比,高职体育课外活动可谓更加丰富多彩,一般来说主要有以下几种形式。

（一）以班级为单位的体育锻炼

课余时间以班级为单位进行体育锻炼的活动形式就是班级体育锻炼，组织班级体育锻炼的一般是体育委员或体育骨干。班级体育锻炼作为一种常见的课外体育活动形式，是体育课堂教学的有效延伸，对弥补课堂教学的不足和巩固课堂教学成果具有重要意义。有效组织班级体育锻炼活动，丰富活动内容，对于学生体质及其他综合能力的发展都具有重要的作用。

（二）以个人为单位的运动锻炼

个人运动锻炼是指大学生在课余时间、节假日自主参与的体育锻炼活动形式，具有自主性、自发性和自觉性。大学生可以自己参与活动，也可以结伴参与活动，从而达到强身健体、娱乐放松、结交朋友、切磋技能等目的。有良好锻炼习惯的大学生往往会在日常生活中有计划地参与各类体育活动，将体育活动融入自己的生活中，不仅自己养成了良好的生活习惯，形成了健康的生活方式，而且还会带动其他学生参与体育锻炼，形成浓厚的体育氛围，这对于学校体育的传播与发展具有深远的影响和意义。

（三）学校体育节及其他单项体育活动

体育节可以说是学校大规模的体育活动。近年来，随着高校体育地位的提升，成立体育节成为高校体育发展中具有标志性意义的一项举措，高职院校也不例外。高职举办“体育节”活动，有利于培养学生的体育兴趣，激发学生参与体育运动的热情，使学生在参与体育活动的过程中丰富知识，锻炼自己，促进自身综合能力的提高。

需要注意的是，高职院校举办的体育节活动应与学生的专业有一定的联系，根据不同专业的特点和学生的需要开展体育宣传、体育比赛、体育游戏等活动，促进各专业学生实践能力的提升，这才符合高职院校教育的特点。

三、课余体育训练

课余体育训练主要是针对高职体育代表队而开展的专门训练活动，如学校代表队为参加比赛而在课余时间进行体育锻炼，或参与校运会的学生利用课余时间进行训练等，它可以是个人活动，也可以是集体活动，不管是个人训练还是集体训练，都是为了在比赛中取得优异的成绩，为班级和学校争光，同时还有利于学生个人自我价值与社会价值的实现。

四、体育竞赛

体育竞赛是一项比较特殊的课外体育活动，因此将其作为高职体育的开展形式之一而单独分析。高职体育竞赛是对体育教学和运动训练的效果进行检验的重要手段，有利于培养大学生的竞技能力、竞争意识、团结协作精神、集体主义精神。

高职体育竞赛既包括校内竞赛，也包括校际竞赛，既包括单项竞赛，也包括综合性的运动会，无论举办哪种竞赛活动，都要贯彻以人为本、实事求是、勤俭节约的原则。

第四节　高职体育教育

一、高职体育教育的属性

很长一段时间以来，我国高职体育教育的课程体系建设都存在着一定的问题，那就是过分套用本科院校体育教育的体系和模式，过分强调构建体育学科体系和传授运动技能，缺少自己的特色。但随着学校体育教育的发展，高职体育教育逐渐从过分强调运动技能教学转向关注学生的身心健康和全面发展，在新的教育理念下，高职体育教育开始获得不错的发展。

高等教育体系既包括普通本科教育，也包括高职教育，虽然本科教育和高职教育属于一个教育体系，但二者的教育模式、教育目标应该表现出明显的不同，二者的区别也应该体现在体育教育中。

从属性来看，高职体育教育既有同本科体育教育一样的健康属性，也有自身独特的职业属性，这两大属性决定着高职体育的发展方向。

（一）健康属性

健康属性是普通高校和高职院校的共同属性之一。高职院校在“健康第一”“终身体育”“以人为本”等指导思想下组织体育课程教学，使学生通过系统学习体育知识和运动技能，达到身心和谐发展的目的。

（二）职业属性

职业属性是区别于普通高等院校的一个重要标志。高职体育教育具有鲜明的职业属性，这是由高职院校本身的特殊性及高职学生的职业发展方向所决定的。高职体育教育中，以体育为载体，以体育锻炼为手段，结合学生的专业特征和职业发展方向来培养学生的职业体能素质和身心素质，促进学生就业竞争力的提升，能帮助学生快速适应社会，促进自身的完善与发展。

二、高职体育教育的特点

总体来看，高职体育教育具有以下几个重要的特征。

（一）职业性特点

职业性是高职体育教育的本质特征，是区别于普通高等院校的一个重要特征。高职体育教育的对象是职业发展取向明确的高职学生，高职学生本身就具有突出的职业性特征，主要表现在其未来职业劳动中，如体力劳动和脑力劳动的结合，具体表现在劳动强度、劳动环境、劳动内容等方面。在高职院校体育教育中，职业性特点得到了充分的彰显，对于学生将来的发展具有重要的帮助。

（二）专业性特点

以就业为导向是高职教育的一个主要特点，因此它比其他教育形式的专业性更突出。因为不同专业对学生有不同的要求，不同专业之间存在较大的区别，因此要将体育教育标准统一是比较难的。面对差异较大的各专业学生，很难统一安排体育教育内容和教育时间，这是高职体育教育中常常遇到的一个问题。

（三）短期速成性特点

高职教育和普通高等教育相比具有学制短的特点，一般为3年制，也有少数两年制。高职学生主要学习专业技能，高职教育主要为学生毕业后的就业“铺路”。高职教育学制短，因此体育教育的学时也比较短，学生往往要在较短的时间掌握体育知识和技能，具有短期速成性特点。正因如此，高职院校才得以在社会中立足，获得不断发展。

第二章 高职体育教学现状与改革研究

在高校教育中，高职体育一直是其重要的组成部分。但是受各方面因素的影响，高职体育未能受到足够的重视，这阻碍了其发展和进步。在新的时代背景下，科学、正确地对待高职体育，这对于整个学校教育的发展是非常有利的。

第一节 高职体育教学现状

目前，我国高职体育教学情况可谓良好，但也存在不少问题，下面就从教学目标、课程设置、教学内容、课程实施、教学评价等方面分析我国高职体育教学的现状。

一、高职体育教学目标的现状

高职院校体育课程的目标共分五个部分，分别是运动参与目标、运动技能目标、身体健康目标、心理健康目标和社会适应目标。

（一）运动参与目标

运动参与是高职体育教学的一个非常重要的指标。运动参与是指培养学生形成积极参与体育运动的意识和习惯，使自觉自发地进行体育锻炼成为生活内容的一部分，并为实现终身体育打好基础。学生应该学会制订相应的体育锻炼计划的能力，并能够自觉地长期坚持锻炼，养成自律自觉的良好习惯，并且能够培养出体育鉴赏的能力，以及相关的体育专业基础知识。

（二）运动技能目标

运动技能目标是指学生除了能够熟练掌握基本的运动方法之外，还应该精确掌握一至两项和自身职业需要相关的体育锻炼方法和技能。在基础训练之外，能够专注精进自己的某个具体方面的身体素质，比如一些小肌群的耐力和灵活性等，为了不断发展和提高自己的运动能力做好准备，同时也具备一定的运动营养、运动恢复以及运动损伤处理相关知识和能力。在平时的教学中，一定要注意培养和提高学生的运动技能。

（三）身体健康目标

身体健康目标包含着更多的内容，除了体育运动之外，还应该掌握体质健康测试的方法和自我评价，并根据测试方法和自我评价的结果，进行有针对性的锻炼，从而提高某一项或某一部位的身体素质。还要求学生掌握全面发展身体素质的知识、方法，具备科学合理的营养卫生知识和能力，养成良好的饮食习惯和生活习惯，注意保持健康的生活方式。总之，要求学生从运动、饮食、作息等方面同时发展，充分发挥自己的特长，促进自身体能素质的发展。

（四）心理健康目标

身心健康是人们健康的重要方面。高职院校要培养的是奔赴社会生产最前线的高级技术人才，他们除了要具备健康的身体条件之外，还应该具有积极乐观的价值观、坚毅的精神品质以及勇于迎接挑战、主动创造价值的拼搏精神。通过体育教学，塑造学生们自觉改善心理状态，克服畏难、恐惧等消极的心理状态。通过科学设计和安排体育教学，让学生在体育方面品尝到成功的喜悦与挫折的困扰，体验到在困难环境下获得成功的喜悦，这对于其自信心的增强，心理素质的完善具有非常大的帮助。

（五）社会适应目标

对于高职学生而言，在两年至三年的时间内，要全部掌握所需的职业技能，同时还要做好适应社会的心理和身体上的准备。通过体育教学，教师应该借助体育运动培养学生的合作意识、竞争意识以及拼搏精神等。不仅要加强学生的身体素质，建设学生的心理素质，同时要有针对性地培养学生主动去适应社会的需要。养成良好的道德修养，并具备一定的奉献精神，在步入社会之后，能够积极主动地进行职业发展的同时，积极参与社会体育事业，养成良好的团队意识，这对于高职学生的未来发展具有重要的意义。

二、高职体育课程设置的现状

对于高职院校而言，在进行专业基础课教学的同时，不能忽视对体育课程的教学工作。拥有健康的体魄是刻苦学习和努力工作的根本前提，因此，应该在学校里就逐渐培养学生具备基础的健康观念、运动技能和运动习惯。特别是一年级和二年级的学生，应该将提高身体素质和钻研专业技术看得同等重要。

三、高职体育课程内容的现状

(1)高职院校的体育教学要以“健康第一”为核心构建教学内容。

(2)教学中要将体育知识、技能、体验、素质、能力等方面进行协调发展。保证学生全面地、均衡地健康发展。

(3)从实际出发，根据学校所在地理位置的气候特征、经济状况以及学校的场馆、设施、器材等客观情况确定课程内容。

(4)体育教学中要结合传承传统文化，比如有些地区可以结合当地传统，弘扬民族传统体育，中西结合，将西方的辩证思维与东方的天人合一思想充分融入体育教学，丰富学生的体育文化知识。

(5)体育教学的内容要紧跟时代,结合社会发展的趋势,使学生养成与时俱进的意识。要关心社会发展、科技进步以及相关专业的前沿进展,而体育教学是培养学生探索精神和求知能力的很好的途径,让学生有充分选择内容的空间,能充分调动学生参与体育课程的积极性。体育教学的内容要体现时代性和包容性,鼓励学生立足自身兴趣和需要,积极探索,主动获取自己所需的信息和技能。

(6)在体育教育过程中,加强贯彻对学生思想素质、道德品质和心理素质的培养,对学生组织纪律性、责任和荣誉感、团队精神和创新精神的培养。

四、高职体育课程实施的现状

(1)高职体育教学的课程实施围绕着教学目标而展开,将课堂教学与课外、校外的体育活动进行结合,将学校教学与社会实践进行有机联系,这既能满足学生的学习需求,也符合学生希望丰富课余生活的需要。学校努力倡导开放式、探究式的教学模式,拓展学生学习途径和实践的空间。到目前为止,这种课堂教学与校外活动相结合的体育教学模式,深受学生的喜爱。

(2)根据教学目标的设置,设计出科学的、有针对性的教学内容,学校根据自身客观情况,有计划、有步骤地实施体育教学,并始终在积极开发和尝试开设新的体育课程,以满足不同层次、不同水平、不同兴趣的学生的锻炼需要。对于小部分身体有疾病的学生,或者是特殊群体学生,学校还开设一些体育保健课程,为学生的体育锻炼创造了丰富的学习环境和学习资源。

(3)鼓励学生充分发挥主体作用,在教师的指导下,督促学生自主选择课程内容、任课教师甚至上课的时间,真正做到以学生为教学主体、以学为主的体育教学模式。学校负责营造生动、活泼、主动的学习氛围,培养学生养成良好的体育锻炼意识和习惯,进而实现终身体育的目标。

五、高职体育课程评价的现状

高职院校的体育课程评价包括对学生、对教师的教学以及对课程建设的评价。学生的评价包括对学习过程、学习效果、学校态度、投入程度的评价，通过学生自评、互评和教师评定等方式进行，并且要把学生进步幅度纳入评价内容。教师的教学评价主要包括教师专业能力、教学能力、科研能力和课堂教学几个方面，可通过教师自评、学生评价、同行专家评定等方式进行。课程建设评价是指课程结构体系、课程开发、课程内容、教学途径、师资配备、体育经费等方面。体育课程评价是非常重要的方面，以往经常受到忽视，在今后高职体育发展的过程中，一定要重视起来，加强评价体系的建设。

第二节　高职体育教学的改革思路

一、高职体育课程改革的科学依据

(一)高职体育教育的职业性特点

高职院校培养的人才具有明确的定向性，他们都是为某个行业培养的高级技术人才，具有很强的职业属性。而且，随着社会的发展，现代化程度的提高，社会分工越来越细化，这就要求每个岗位上的人都要把自己的工作做到极致，才能在竞争激烈的社会上更好地生存。对于高职院校而言，这些未来的技术人才，他们需要花费大量的时间打磨自己的技术和手艺，而且这种锻炼在学校期间就开始了。因此，高职体育课程，也应该具有更强的针对性，根据不同专业的特点，为学生设计相适应的体育教学课程。

在体育教学中，除了发展基本的身体素质之外，强调其职业特点的体育教学，进行合理地、目标性强的身体锻炼和加强，并帮助学生尽快掌握相关的体育运动的方法，是高职院校体育课程改革的主要目标之一。

高职院校培养学生的目标，有着比普通高校更为明显的职业倾向。任何职业都需要健康的身体作为资本，这是最大的前提，没有过硬的身体，就不可能有足够的动力投入到刻苦的学习和工作中去。但是，不同的职业具有不同的特性，甚至具有很大的差异性，不同工作的特性决定了对身体素质有着不同程度的要求。

总的来说，在现在社会分工制度下，高强度劳动方式已经逐渐消失，现在的体力劳动基本上是以小肌肉群参与为主，而且对机体的灵敏度的要求越来越高，因不同职业的特殊性，又可细分为众多不同的种类。不同的职业，会动用身体不同部位的小肌群，而且动用的方式和强度都是不同的，因此，需要进行特别的课程设计和训练。一直以来，那些多年从事某一类工作的人，当到了一定的年纪都会或多或少地出现职业病，这些就是因为早年对此缺乏认识，没有做好必要的身体锻炼。

对不同职业的人，如何增强身体局部小肌肉群的抵抗长期同一工作、同一强度的能力，以及如何提高人体局部运动系统的灵敏度，都是高职院校应该重点研究和努力的方面。对于高职的学生群体，体育课程既要提倡身体素质的全面发展，又要加强针对职业特点进行专门的课程训练。如果学生在体育学习和锻炼的过程中，能够更好地根据自己的职业方向，掌握一定的保健方法和锻炼方法，那么就意味着可以提高工作能力、延长职业年限，这对于学生的长远发展是非常有利的。

（二）终身体育教育的要求

1. 加强专业发展的体育训练

终身教育是指个人在一生中持续地进行学习，并且能够得到相应的学习机会，使其不断提高和成长，提高素质，以适应社会发展需要的一种教育理念。在人的漫长的一生中，绝大部分时间都要参与社会的劳动生产活动，而参加社会建设需要有健康的身体。因此，体育教育从青少年时期就开始抓起，对于已经进入高职阶段的青年学生而言，他们即将步入社会参加工作，一边是在技能上、专业上不断取得进步，一边也要加强身体锻炼，以便能够应对以后的工作挑战。但是，对于职业技术人才来讲，他们的工作有很大一部分是由活动支持的，所以单纯地、泛泛地进行体育锻炼还不足以满足他们的需要，高职院校需要根据他们的专业特点，进行有针对性的特别教学和训练。由于是根据专业特点而设计的体育训练课程，所以对他们的职业技能的发展起到很好的支撑作用。由此可见高职体育教育的重要意义。

2. 加强终身体育的体育训练

学生在校期间，通过体育课程的学习，掌握了必要的运动知识和技能，养成了良好的运动习惯，那么在之后的人生中，就要坚持终身体育，为健康做长期的投资。学校教育只是人受教育过程中的一个阶段而不是全部，不能将学校教育等同于教育。广义的教育应该是一个人从出生到死亡持续进行的全过程，在人的一生中，教育可以是持续进行的，它不仅包括学校教育、家庭教育、社会教育等，还包括正规教育和非正规教育，而且正规教育和非正规教育同等重要，都应受到重视。

传统教育可以说是一种有限的教育，突出人的优势发展，而不能满足人生发展的各种需要。终身教育超越了阶段性、制度化的传统教育模式，把教育当成是贯穿于人的一生的、不断积累知识的长期连续的过程。终身教育是适应当今社会诸种变化而产生的一种教育理念。

伴随着现代社会的发展和进步，人们对体育的认识与需要也发生了深刻的变化。首先表现在人们对体育锻炼需求时间上的延伸。人们不再把体育局限于有组织的学校体育，更加重视社会生活中的自我体育锻炼。

人们对体育运动在提高身心健康水平、提高社会适应能力和发展个性方面独特功效的认同，使体育的社会需求迅速膨胀。这也为学校体育的改革和发展指明了方向。社会生产力高速发展和社会迅速进步为人们从事体育健身活动创造了更完备的条件，包括余暇时间增多、物质技术条件的改善等。总之，终身体育已经成为我国现在乃至将来体育发展的战略目标，也必然是高职等院校进行体育课程改革的重要依据。

随着终身教育思想对学校教育影响的扩大，终身教育思想被引入教育政策之中，成为学校教育改革和发展的理论之一。终身教育对学校体育的影响导致了学校体育指导思想的变革。终身体育思想逐渐被广大体育工作者所接受。终身体育思想的发展，推动了现行学校体育制度、内容和方法的变革，并且对提高整体国民的身体素质起着重大的推动作用。

(三)学生体质水平

1. 整体体质健康水平下降

近些年来,我国学生体质监测数据表明,青年学生的部分体能素质指标近 20 年来有明显的持续下降的趋势。最为典型的问题就是肥胖和近视眼,而且,超重的学生遍布城市和乡村地区。

国家体育总局、教育部对 18 万多名 7 岁至 22 岁城乡学生的体质监测数据结果显示,我国学生的爆发力、耐力等素质继续下降,除了 50 米跑成绩略有提高外,其余各项素质均呈下降趋势。学生的下肢爆发力、腰腹肌力量以及肺活量水平,绝大部分都出现不同程度的下降趋势。而且,肥胖问题逐渐增多,一些相关的疾病也过早地出现在儿童青少年群体中。

对于高职的学生群体而言,通过体育教学,从目标、内容、方法等方面进行科学的设计与实施,帮助学生提高身体素质,青少年的体质关系到国家和民族的未来,关系到未来社会生产力的发展,也关系到学生的幸福生活。因此,必须从根本上抓起,针对目前学生体质下降问题改革体育教学的设计,努力培养一批具有强健体魄、健康心理、坚强意志和昂扬精神的学生。让学生的思想道德素质、科学文化素质和健康素质同时得到提高和进步。

2. 健身意识薄弱,体质下滑

就整体而言,我国高职院校的教学任务十分紧凑,学校需要在两至三年内完成对学生职业技能的全部培训工作。从理论到实践,从熟悉到熟练,这都需要一定的时间才能真正实现。因此,在这样的前提下,除了专业教学之外,留给体育教学的时间是非常有限的,同时也是非常珍贵的。比较之下,学生会更加重视专业的学习,更愿意把主要精力用于专业技能的训练上,那么留给体育锻炼的时间就相对较少。长期的结果就是,学生的日常体育锻炼明显不足,健身意识和健身习惯更是无从谈起。缺乏一定的体育锻炼,学生的健康发展自然受到限制,如果不能及时改善,不仅仅会影响身体健康的程度,也会对工作和生活带来隐患。总之,就目前的发展情况来看，高职学生在学业的压力下，健身意识较为薄弱，导致体质呈逐渐下滑的趋势。

（四）高职体育教育的独特属性

1. 高职体育教育的衔接属性

高职体育处在有组织的学校体育向自我锻炼为主的社会体育的过渡阶段。高职体育在贯彻学校体育目标的过程中，对体育教学内容的设计和选择，除了要遵照教学大纲的原有内容之外，还应该考虑到高职学生的特殊需要，为学生走向社会后的自我锻炼做好运动技能的准备以及心理的准备。高职体育教学，要在组织形式、教学内容、教学模式等各个方面做出调整，不仅要为学生适应社会体育行为做好准备，同时也要为他们的终身体育打好基础。因此，高职院校的体育教育起到一个重要的衔接作用，对于学生步入社会、适应社会具有重要的意义。

2. 高职体育教育的社会价值

高职教育培养出来的技术人才肩负着不可替代的社会责任。在各个行业中，他们都是实现产业发展与竞争的中坚力量。随着科技和生产效能的不断提高，社会对他们提出的要求也越来越高，他们需要有健康的体魄才能很好地应对工作的挑战和压力。另外，由于科技的发展，使人们从繁重的生产中解放出来，于是人们有了更多的休闲时间，这也为持续地、有计划地进行体育活动提供了条件。现代社会的激烈竞争，造成人们普遍地承担着过重的工作压力和生活压力，长期下去就会引起精神方面的种种问题，比如焦虑、紧张、心理能量耗竭等，为解决这些问题，体育锻炼成为重要的手段。

因此，高职院校的体育教学，必须向着生活化、社会化的方向发展，提前做好与社会体育的衔接工作。为适应全民健身的需求，高职体育教学的内容和形式，都应向着社会体育靠拢或者接轨。可以说，高职体育更多的是手段，而社会体育才是目的，为培养出学生具有终身体育的意识和能力。高职体育承担着重要的社会责任与义务，发挥着重要的功效。

（五）高职体育课程发展的需要

目前，我国高职院校的体育教学模式基本上是参考普通高校体育教学，但是高职的教学目的和教学性质与普通高校毕竟有所不同。短期看来，借鉴是一条捷径，但是对于长期的发展不利，因为不能形成自己的体育课程体系，对高职自身的教学重点和教学目标的实现造成消极影响。因此，高职体育课程需要尽快完善自身发展的道路，加快课程改革的步伐。经过众多学者的研究，已经取得了阶段性的成果。这是立足高职自身的特点而建立的教学模式和教学目标，符合高职院校和高职学生发展需要的全新尝试。但同时需要指出的是，现有课程模式大部分理论研究还比较单薄，理论基础还不够坚实，缺乏完善健全的课程模式，需要今后进一步发展。

（六）高职体育教育特性的内在要求

高职教育的培养目标是为生产服务第一线输送高层次的技术人才、实用人才。与普通高校不同的是，高职院校培养的人才与社会生产具有更紧密的联系，他们的知识和技能都非常地接地气，只要给他们一段时间进行熟悉和了解，就可以独当一面。而这就对高职教学提出了非常高的要求。对学生的教育不能停留在教师的“教”和学生的“学”的层面，而是重点强调学生对知识和技能的内在理解，并且将各种能力进行打通，发展成为完善的、成熟的能力集合，从而在日后的工作中可以娴熟地运用。

总之，高等职业教育的目的就是为社会培养大批的具有必要理论知识和较强实践能力的生产建设服务第一线的人才。这对于我国社会主义现代化的建设具有非常重要的意义，因此要把高职体育教育置于一个非常重要的地位去看待。

二、高职体育教学改革的策略

(一)按专业细化高职体育课程,构建完善的课程体系

各个高职院校要从自身的实际情况出发,按照学校常设的专业为基础,结合相应的教学规律,对各专业的需求进行准确分析,设计和选择合理的、科学的体育课程体系,并努力将学生的专业与体育教学进行有机的整合、分化。根据不同的特性和需求,将专业课进行划分,不同专业之间交叉和重合的部分,可以设为公共体育基础课。而对于专业性较强的部分,则设为专业体育课程,从而对学校的教学资源也能够进行合理的分配。在细化专业体育课程时,需要根据实际情况,进行大量的考察和研究工作。比如,对酒店、金融专业,可以在公共体育课程上增加形体训练、礼仪培训等内容,并加强日常的训练,对学生提出具体的要求,这样培养出来的学生从身体素质和形象素质方面都能够满足各岗位的需求。

(二)将体育教育融入专业教学之中

1. 培养体育兴趣

在高职院校,不是每个专业都对体育课程有特殊的要求,因此,这部分专业的高职学生,他们的体育课程改革的幅度较小,学生只需要完成常规的身体素质训练课程,即完成普通公共体育基础必修课程的学习,只要能够达到国家规定的学生体质健康标准即可。尽管如此,这些学生仍然需要养成终身运动的意识和习惯,因此,在体育教学中,除了提高现有的身体素质之外,教学重点还包括培养他们找到自己喜欢的运动项目,并且掌握一定的运动技能,这样才能促进学生在今后的生活中能够长期地进行体育运动,维持身体素质处于一个较好的水平。

2. 紧密结合专业

有一部分专业对体育课程具有特殊要求,比如一些汽车、医药以及

重工业行业的技术人才，他们未来职业的特殊性，不仅要求他们熟练掌握相关的技术技能，还能够长期地在自己坚守的岗位上做出成绩，这就需要拥有健康的体魄，尤其需要在某些方面具有过人的身体素质，比如一些小肌群的力量，包括耐力和爆发力等。

（三）进一步调整和优化高职体育课程结构

基于职业技能需求的高职体育教学，要主动区别于普通高校的体育课程结构设置，而是根据专业特点对课程内容及教学设计进行系统的调整和优化，改变脱离实际需求的传统教学模式，将贴合学生专业需要的体能训练和发展引入教学。高职体育教学应该着眼于长期发展，以帮助学生能够更高、更远地持续发展，而非仅仅是完成在校期间的一个课程而已。

在课程优化的过程中，需要明确的是，体育教学还应该包括让学生从理论上认识到训练的原理和依据，而不仅仅是身体的训练，体能的增长，帮助学生更为深入地理解并认识自己即将从事的职业特点，有选择性地进行自助式学习。

第三节　高职体育教学要素的改革与完善

与普通高校一样，高职体育教学的要素也主要包括体育教学目标、体育教学内容、体育教学方法、体育教学评价等几个方面，加强这几个方面的改革与完善具有十分重要的意义。

一、加强体育教学目标体系的建设

对于高职学生来说，体育课既是一门可以潜在地促进学生发展自身专业的必修课，又是提高身体素质、健美身体形态的重要途径，同时还可以提升学生的拼搏精神和吃苦耐劳精神。随着我们国家的快速发展，对人才的要求也越来越高。高职院校需要培养的不仅仅是一批具有实干能力的技术人才,同时还要求这些技术型人才得到全方位的发展。在职业技能、精神品质、身体素质、综合能力等方面都具有较高的水平,能够满足国家和社会发展的需要。随着全民健身和终身运动等计划的推出,我国教育系统对体育教学的目标和职责都得到相应的调整和转变。就高职学校而言,体育课程的改革,首先是体育教学目标的转换,不再沿用普通高校的体育教学目标和内容,而是针对高职学生的切身需求,实施更具体、更有针对性、更实用的体育教学,以健体强身为根本目的,培养学生具有良好的运动基础,找到符合自己特点的运动项目,从而为终身运动打好基础。

因此,当前高职院校应该转变教学目的,重视体育课程的改革,完善教学制度及考核标准,为体育课程创造优越的教学条件。学校应重视对体育教学的资金投入,为学生创造良好的教学环境。

二、进一步优化体育教学内容

高职体育教学改革的核心就是紧跟时代发展的脉搏,积极采用最新的教学内容,不断地优化和调整体育教材。由于各种各样的原因,体育教学一直都没能得到应有的重视,学生从意识到方法和行动都不够积极,因此普遍存在体育素质与能力较差的情况。因此,高职院校在开展体育课程改革的过程中,应该以内容为切入口,加强对学生体育素质和体育能力的培养,增加更加贴近高职院校学生实际情况的体育教学内容,避免生硬、僵化、重复的教学内容。尤其要强调的一点是,高职的体育教学内容,要去竞技化色彩,而是重实用,紧密联系学生的专业和自身兴趣,不断优化教学内容,使其更加适合高职学生的学习需要,并为他们的终身运动做好准备。

(1)高职的体育教学应充分体现结合学生的学习和实际生活,教学内容更具实践性,循序渐进地逐步提高学生的身体素质和运动技能,特别是要努力与学生的不同专业进行有机的结合。比如,严格把握知识点,既要符合今后工作的实际需要,又能切实增强学生的体质,这对于学生的未来发展及职业道路的选择具有重要的帮助。

(2)转变课程内容改革的重点。从原来的重视竞技内容,转变为重视健身内容。将体育教学的根本目标设定再提到学生身体素质方面。因此，要降低技术难度、简化运动规则、增加运动趣味、丰富运动选项等。总之，要强调高职体育教学内容的健身性、娱乐性，从而激发学生的学习兴趣，提高体育教学效果。

(3)培养和提高学生的兴趣与爱好。我们以往的体育教学更多地从身体素质的角度出发进行教学和训练，但是长期拥有健康的体魄需要持续进行锻炼。因此，高职体育教学应该以培养学生掌握一个或两个完整的运动项目的全部技能，这样就方便他们在今后的生活中自行开展体育运动。在兴趣的指引下，学生能积极主动地制定锻炼计划，养成终身体育的意识和习惯，促进自身全面发展。

三、改革与创新体育教学方法

在高职的体育教学中，教学方法应该是以启发学生的自主学习为主，培养和开发学生对体育项目的乐趣，享受体育运动的愉快体验。因此，教学方法需要寓教于乐，尽量选择学生喜闻乐见的体育健身教学方法，比如游戏加竞赛的形式，可以是个人之间的竞赛，也可以是小组之间的竞赛。总之，教师为教学的辅助角色，以学生自主训练为主，选择适当的体育项目进行学习和训练，逐渐达到提升身体素质、培养体育兴趣的目的，在教学活动中需要注意以下几点。

(1)与专业的相近性。为了满足高职学生今后的职业发展，需要从事职业工作对体育技能的需求，让学生自主选择感兴趣的体育项目，更好地促进学生的专业发展。

(2)显著的健身性。充分发挥体育教学中的健身功能，脱离或者远离健身的体育教学方法，那么很可能是不适合高职体育的教学要求的。

(3)恰当的娱乐性。体育教学方法的另一个重要属性是娱乐性。缺乏娱乐性的体育教学方法，将是枯燥的、乏味的，无益于学生运动发展的。如果体育教学方法缺少活力和吸引力，那么就无法展示体育教学的魅力，也不可能获得良好的教学效果。

(4)多样性和趣味性。教师应该根据学生的不同特性，灵活地选择教学方法，使体育教学充满趣味性、多样性，避免单调乏味的竞技化的教学方式。高职体育课程的教学方法，应该采用轻松的、有趣的、更加贴近日常生活的教学手段，因为，高职体育教学的根本目的就是培养学生的运动兴趣并提高相应的身体素质和运动技能。只有多样有趣的教学方法才能让学生享受体育学习的过程。

四、优化与完善体育教学评价体系

(一)深度发展课程教学评价的功能

1. 考察鉴别功能

在高职体育教学体系中，教学评价非常重要。体育课程评价，不仅能对体育教师的教学行为、教学水平、教学目标的达成情况进行鉴别、区分和评定，而且对教学目标设置的合理性、科学性进行了一再的检验，为改进教学质量提供决策性依据。因此，若要提高教学质量和教学效果，除了不断优化教学目标、教学模式、教学内容以外，还要加强教学评价体系的建设，为高职体育教学质量的提高保驾护航。

2. 反馈调节功能

反馈调节功能是教学评价的一项基本功能，然而在实践过程中，又发展出次级功能内容，使评价的反馈调节更加全面和具体。比如，在对高职的体育课程评价时，之前更加侧重评价小组的意见反馈，但是后来发现，评价小组都是自身的体育教育工作者或者体育研究工作者，他们虽然具有非常强大的专业能力，但是却无法完全从学生的视角和体验出发，从而给评价带来盲点。

因此，在后来的评价工作中增加了学生的评价比重，使反馈调节更加全面，也更加符合学生的真实需求。

3. 导向功能

很长时期以来，课程评价对高职院校的体育教学发展和管理具有明显的导向功能，对课程的教学内容选择和教学方法都具有较强的导向作用。但是教学评价实际上最重要的是对学生的体育学习的导向作用。还是要回到以学生为教学主体的教学理念上，每一个环节的教学工作都是为了更好地培养人才而服务的，那么高职的体育课程教学评价的根本任务，也应该是以提高学生的学习兴趣、学习意愿、学习能力和学习体验为宗旨。

因此，在发展体育课程教学评价时，要增加对学生学习热情和学生体验的评价指标，激励学生体育学习的内部动因。

(二)充分发挥与完善课程教学评价的反思功能

1. 自觉性功能

课程教学评价的反馈结果，最主要地体现在对教师的教学反思和改进方面，这不仅是教育工作的重要组成部分，也是每个教育工作者在职业发展和价值追求方面的重要依据，是一种高尚的精神活动。对课程教学评价的反思，不仅体现在课程教学中，体育教师可以将这种反思扩大到个人成长的方方面面，从课程教学的评价中发现自己的思维和行为的某种固有模式，如果能全面地进行提高，那么对个人是一项重要的提升机会，反过来对专业发展和教学能力将带来质的飞跃。这就需要教学形成反思的自觉性，需要教师具有强烈的事业心和责任感。如果每一名体育教师都具有较强的自觉性，那么我们的教师群体也会向前迈出一大步，最终令我国的体育教育发展进入更高更好的水平。

2. 超越性功能

教学反思是发现问题的一种重要手段，但是发现问题不是目的，不断改进和超越才是目的。因此，教学反思的真谛在于教师要敢于质疑，特别是质疑自己的教学活动和教学能力，通过不断的反思，不断发现自身的不足，才能不断地进步和发展，不断地超越自己，迈向更高的台阶。

3. 个性化功能

课程教学评价属于集体性活动，然而教学反思又具有很强的个性化特征。它是教师自觉地对自身的教学实践进行审视和反观，它没有时间、地点和条件的限制，是以个人为行动主体的个性化活动。在反思过程中具有很强的个人色彩，因此有助于教师形成个性化的教学模式和风格，是教师的自我教育、自我成长的重要过程。

第四节　课程思政背景下高职体育课程思政建设研究

在当今学校教育背景下，课程思政开始发挥越来越重要的作用，课程思政建设成为学校教育的重要内容。因此，在高职体育教学中，加强这一方面的教育也尤为必要。

一、课程思政的概念

关于课程思政的概念，学术界一直都持有不同的意见。这不利于高校在实行这一教学模式中的有据可依，我们必须认识到对课程思政这一概念进行界定的重要性，积极寻求对其概念的解释及其界定。

目前关于课程思政的概念界定比较有代表性的说法是出自北京大学的孙蚌珠教授的“思政课程是思想政治理论教育的课程体系，而课程思政则是教学体系”。这种说法很好地揭示了课程思政和思政课程之间的区别，对思政课程的概念进行了界定。本书就采用这一概念。

二、课程思政的价值

课程思政有着广泛的价值，这一价值主要体现在学校、教师和课程等方面，下面分别进行阐述。

（一）课程思政为学校教育发展指明了方向

学校是对国家青少年进行教育的最主要的场所，高校教育是学校教育的重要环节。当前，在社会快速发展变化的背景之下，校园面临着各种思潮和文化的相互碰撞，对高校教育来说，这既是一种机遇，也同时是一种挑战，关键在于高校自身的抉择和做法。而课程思政的建立无疑为学校指明了思想教育的发展方向，从顶层设计上实现了道德教育和知识教育的统一，使得高校在思潮变化的风口之下坚持了自己"教书育人"的任务。

（二）课程思政为教师综合素质的提升创造了良好的条件

从教师层面来说，课程思政为他们提出了"三真"的要求，即真学、真做、真信。

"真学"是指教师的学习不应该只集中在专业知识上面，而应该实现跨学科学习，同时增加对社会现实的关注，在精通本专业知识的基础上促进自身的全面发展。

"真做"是指本着"以人为本"的教学理念，对学生负责，不断提高自己的教学水平，钻研课程思政的有效教学方法，坚持进行创新突破，将思政教育无声地融合到专业课堂上，对学生形成潜移默化的影响。

"真信"指的是教师本人应该具备高尚的思想道德觉悟，严格要求自身，时刻注意自己的言行，通过言传身教实现对学生的教育。

"三真"对教师提出了学习、行动和思想上的要求，对于教师队伍的建设及教师综合素质的提高都具有重要的价值和意义。

（三）课程思政促进了课程建设与教学模式的发展

相关研究与事实表明，课程思政并不是将专业课课程和思政课进行简单的相加，而是根据专业课的特点，一方面在其中发掘思政教学的资源，另一方面根据专业课的特点将思政课程的内容有机地融合到专业课之中。这样做的目的是将思政教育全过程、全方位地融入课堂之中，使学生在学习专业知识的同时又得到思想政治上的"洗礼"。课程思政不仅实现了课程教育"智育"和"德育"的结合，还开创性地实现了不同学科之间的有效融合，对于学校教育的创新与发展具有重要的意义和作用。

三、课程思政背景下高职体育课程建设的对策

(一)建立全面的思想政治教育考核评价体系

在高职院校体育教育中,在推进课程思政的过程中,学校应该建立起全面的教育考核评价体系,以检测课程思政的教育效果。建立该体系要重点把握以下两个方面。

一方面,加强对学生思想政治教育过程的监控和整体教育效果的把控,保障学生思想政治教育工作的有效开展,积极推动学生思想政治教育工作的进一步深化。

另一方面,提升体育教学对学生的思想政治教育成效,不让课程思政成为一种不实在的表面形式,把体育专业课程中的思政教育纳入考核范围,改变传统的以体育成绩作为单一考核标准的考核方式,体现对思政教育地位的重视。

除此之外,体育教师还要注意使用科学的考核方式,将过程考核和终结考核相结合,根据不同阶段教学的特点,设置有针对性的考核指标,保证考核结果的科学性和合理性。在对教师进行考核的过程中,除了要将教师最终的教学成绩纳入考核指标之中,还要对教师自身的思政水平、教师的教学态度、学生对教师教学的满意程度等,都纳入考核指标范围内,如此才能提升体育教师的综合素质与水平,从而构建一支高质量的教师队伍。

(二)通过体育理论课进行思政教育

总体来看,目前我国很多高职院校的课程形式都比较单一,难以激发学生学习的兴趣,也不利于对学生进行思政教育。因此想要顺利推行思政课程进入体育教学课堂,要改变以往体育教学重视实践教学而忽视理论教育的弊端,认识到体育理论课程在思政教学中的作用,科学合理设置体育理论课程。体育教师可以采用多种形式进行理论知识教学,将思政教育的内容穿插到课程之中,从而起到“德育”的效果,这是一个非

常好的途径和手段。

以乒乓球教学为例，教师可以通过乒乓球运动的发展历史，引导学生感受乒乓球的文化内涵，从中受到人生的启发；可以为学生播放一些我国著名的乒乓球运动员比赛视频，让学生感受体育精神，增强民族认同感和爱国意识；还可以通过为学生介绍乒乓球运动中的各种规则，帮助学生树立规则意识和责任意识，等等。教师在进行乒乓球理论知识的教学过程中引导学生将其和思政知识相结合，一方面能够帮助学生加深对乒乓球理论知识的理解和记忆，另一方面也实现了对学生的思政教育，使学生明白了做人做事的道理。

（三）抓住细节对学生进行思政教育

生活是由无数个细节组成的，人们的思想素质和道德水平能够从一个人的行为细节中体现出来，同样，如果对人们行为的每一个细节都严格要求，人们的思想道德素质和价值观念也必定能够得到正向的发展。教师在推进思政教育进入篮球课堂的过程中，可以将课堂上的一些细节作为思政教育的入手点，比如在学生领取和归还体育教材的时候可以教导学生要礼貌待人；在学生和教师、学生之间进行交往的时候可以教导学生要尊重师长、友爱同学；在组织学生列队、上课的过程中可以教导学生做事要遵守规则和纪律，等等。从细节处入手对学生进行思政教育，能够抓住具体的事件阐释其中的思政意义，有利于加深学生的感悟，获得理想的教育效果。

（四）打造思政教育示范课堂，发挥示范作用

在高职院校中，体育教师要充分发挥先锋模范作用，发挥自身的优势，思政教师有扎实的基本功和理论知识，充分发挥学科优势，可结合本校的校训、本学校办学理念，并结合本校学生的特点和实际情况，提炼出“理论、实践、理论”与实践课程相结合，高校体育教师要先探准再挖掘，先冶炼再提炼。把课程分成公共课、实践课、专业课，思政专业教师进行理论指导，形成团队效应，打造示范课程。总体设计、试点先行，以点带面，逐步推开，设计科学合理的高职体育课程，从而确保教学质量的提升。

第五节　职业导向下高职体育课程建设与改革

高职体育有着强烈的职业属性特点，因此以职业需求为导向加强高职体育的建设非常重要，本节重点研究与探讨职业导向下高职体育课程建设与改革的思路和对策。

一、职业导向下高职体育课程建设与改革的思路

（一）以职业需求来确定高职体育教学内容

现代社会发展对人的要求越来越高，要求人们不仅要具备全面的素质，又要求人们要具备出色的一技之长，从而在社会上更好地立足。一般来说，不同的社会职业岗位对于人的身体素质要求也不相同，我们在有限的体育教学课程中不可能给予学生完全的教学知识和训练，而必须要有所侧重，使身体机能适应职业的具体需要。因此，在今后高职体育课程改革与发展的过程中，应充分考虑到职业需求，考虑职业特点和职业体能的需要设计体育课程，帮助学生更加快速有效地适应与融入社会，实现自我价值。

（二）以体育锻炼增强体质，降低职业病的危害程度

在当今社会发展的背景下，现代职业越来越多样化，并且呈现出一定的重复性。绝大多数的社会人员在岗时间长，长期的站立、伏案、记录、手眼配合、全身固定重复用力等对身体的伤害较大，容易导致各种身心疾病，如腰颈椎病、关节病、肥胖、胃肠病、疲劳、肌肉损伤等，这些现象是非常容易发生的。因此，在今后高职体育课程改革与发展的过程中，除了以职业需求为基本出发点来开设课程以外，还需要针对一些职业病

设计体育课程，通过体育锻炼尽可能地降低这些职业病对人们的危害程度。①

二、职业导向下高职体育课程建设与改革的对策

（一）以职业需求为导向重新修订体育教材内容

高职学生正处于青春发育时期，这一时期他们的生理、心理等都呈现出独特性，因此要依据这些特点制定具有较高实用性的教材。当学生进入高职院校选定专业以后就基本上确定了其今后所要学习的大致方向以及所要从事的基本工作，学生在学校进行职业训练以及知识学习时，也必须对其身体进行一定的训练，以便未来能够适应这份职业的需求。而目前我国高职院校对于体育与职业的关系认识不清，在体育课程设置上具有模糊性，其教材较为笼统，并且未考虑学生所选专业的具体需求，最后导致教材流于俗套和泛泛，没有针对性，也没有吸引力，对高职学生的职业需求没有实际的帮助。

综上所述，要想做好高职体育课程的建设与改革，首先就要改革现有的体育教材，教材内容要依据高职学生的具体实际和高职院校的特点而定，在具体的体育项目教学中，要配以清晰的插图以及各类运动技巧分解和运动注意事项，针对学生今后可能从事的职业设计体育锻炼的手段与方法，帮助学生快速适应与融入社会。

（二）依据未来职业需求调整原有课程体系

与普通高校相比，高职院校学生将来从事的职业有一定的专业性和确定性，因此，在高职体育课程安排上，可以依据学生未来职业的需求合理地调整课程体系。我们在改革高职体育课程的过程中，要根据实际情况调整原有的课程体系，打破班级固定的上课模式，以院系组合、职业组合等方式让学生进行重组。除基本的身体训练项目以外，还要开设职业

① 王玉扩．高职院校体育课程教学改革与发展研究[J]．北京体育大学学报，2005(7)：960-961＋964.

体育训练项目，教师要向学生讲述其所学专业以及今后所从事的职业对于身体的部位的具体要求以及大致的危害，学生根据自己的需求和爱好选择体育课程。

（三）进行大量的有针对性的职业模拟训练

大量的实践表明，高职院校体育课程训练不仅要教授学生以理论知识，还要让学生在准职业的环境下进行真正的身体体验，这样才能满足相关职业的要求，帮助学生快速适应其职业。

学生在校学习期间，学校相关部门要采取各种手段与措施加强与社会企业及相关单位之间的合作与交流，为学生提供大量的实习机会，让学生去体会职业的真实需求，为将来走上社会奠定良好的基础。另外，学校也可以将体育实践锻炼融入专业实践教学环节之中，让学生在日常职业工作中开展体育锻炼，创造良好的适合职业需求的体能素质。

第六节 现代教育技术下高职体育教学的创新发展

在当今信息社会，各种先进的教育技术得到了充分的利用，高职体育也理应跟上时代发展的步伐，加强现代教育技术与体育教学的融合与发展，从而提高高职体育教学的效果。本节以CAI模式和网络教学为例阐述现代教育技术在高职体育教学中的应用，以期号召高职体育院校要积极采用这些创新的教育技术手段促进教学质量的提高。

一、CAI模式在高职体育教学中的应用

（一）CAI模式概述

CAI，即计算机辅助教学系统，英文全称为Computer-Aided Instruction。

这一多媒体教学方法在当今学校教育中得到了越来越广泛的利用。随着时代的不断发展,学校教学相关的多媒体CAI课件越来越多,在很多教学课中都得到了充分的利用。

CAI课件是以计算机为核心的多媒体教学模式,通过对声音、图像、音频、视频以及动画等多种形式的信息进行综合的分析处理,使这些信息建立起逻辑性的联系,形成一种相互影响、互相帮衬的体系,其目的主要是加深学习者对学习对象的印象,实现既定的教学目标。这一手段或模式在当今信息化背景下,在学校教育中逐步受到重视。

(二)制作CAI课件的目的

作为一名高职体育教师,可以根据教学实际情况和学生的特点制定科学合理的CAI课件。CAI课件能形象地将平时教师做的示范动作进行分解和细化,有助于学生加深印象,更好地掌握和提高技术动作。总体来看,与传统的教学课件不同,CAI课件的教学内容更为新颖,在具体的体育项目的技战术教学案例设计上更为直观,便于学生理解和学习,因此能极大地提高教学质量和效果。

(三)CAI课件的主要内容

体育教师在平时一定要认真学习CAI课件的制作,制作的课件一定要合理,符合高职体育教学的实际和要求,符合学生的身心发展情况。要确保在高职体育教学大纲中引入大量运动项目的相关知识和信息,尽可能地补充课本上没有的教学理论,从而帮助学生提升自身的理论与实践水平。在具体的操作中,体育教师要加强基本技术、基本战术与训练等基础环节教学的同时,利用现代CAI课件的多媒体性增加各种丰富的技战术内容,以激发学生学习的兴趣,这对于体育教学活动的组织与管理具有重要的意义。

(四)CAI课件在高职体育教学中的作用

CAI课件在高职体育教学中的作用可以概括为以下几个方面。

1. 有利于激发学生学习体育的热情

高职体育教学质量的提高在很大程度上依赖于教学手段与方法的选择，体育教师在教学中要采取各种创新的教学手段与方法激发学生学习的兴趣和热情，如此才能提高教学效率，尽快地实现教学任务和目标。利用CAI教学模式，采用更加科学先进的教学手段和形式多样的教学方法，使学生的注意力更好地集中到课堂教学之中，提高学生学习的自主性，提高学习效果。

2. 有利于建立正确的动作概念

体育教师依据实际教学情况制定的CAI课件对于学生学习与掌握技术动作具有非常大的帮助，学生通过观看图片、视频，以及对声音进行多方面、多角度的分析，在脑海中形成更加深刻的动作概念，再次做动作的时候学生就有更加正确的模板可以参照和借鉴，并且CAI教学系统对动作的慢放、分解等功能是平时教师在课堂上做示范无法达到的效果。

3. 有利于突出教学重点，突破教学难点以及提高教学质量

在高职体育教学中，学生会遇到各种教学难点与问题，而运用多媒体CAI技术可以将重点加强分量，让学生更加重视重点的学习，在难点上可以更加细致地分析，有利于学生更好地研究以及掌握。增加CAI教学的模式，有效地缓解教学任务重、课时少的问题，节省了教学时间，从而使教师能有更多的时间放在关注学生实践情况及指导学生具体的练习上。运用多媒体技术辅助教学可以大大增加课堂容量，增大信息密度，提高教学效率，丰富课堂的内容。利用计算机的存储和网络功能，体育教师可以在课堂上展示与本节课教学内容相关的各种信息、画面、声音，如教学课件、录像带、光碟等，帮助学生掌握更多的课本以外的内容或本学科的前沿知识和最新技术。使学生一方面掌握了计算机技术，顺应了信息时代的潮流；另一方面增长了专业技术知识，丰富了业余文化生活，促进了学生的全面发展，这对于社会主义现代化建设具有深远的影响和意义。

二、网络教学模式及应用

(一)网络教学模式概述

当今社会可以说是一个信息化社会,各种现代化的教育技术都得到了充分的利用,也取得了不错的效果。在当今信息化教学背景下,网络教学、课堂教学、正式比赛和体育学习共同体共同组成了“三元一体”体育教学模式。在体育教学中发挥着越来越重要的作用。

网络教学模式的理论框架如图2-1所示。

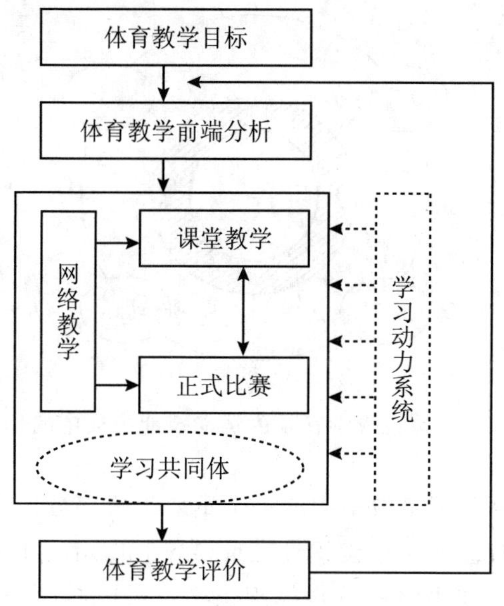

图2-1[①]　**网络教学模式的理论框架**

① 周新.篮球网络教学模式的实验研究[D].郑州大学,2011:36.

(二)网络教学模式在高职体育教学的应用——以篮球教学为例

与一般的教学模式不同,虚拟情境是网络教学的一个最为重要的特点。大量的实践与事实表明,这一模式能为学生和教师提供极大的便利,能在一定程度上提高教学的效率。需要注意的是,学生只通过网络教学是无法实现教学目的的,但是网络教学具有强化认知、增加反馈等功能,能为学生更好地提高运动技能奠定良好的基础。由此可见网络教学的重要性。

网络教学在学生运动技能形成中的作用如图 2-2 所示。

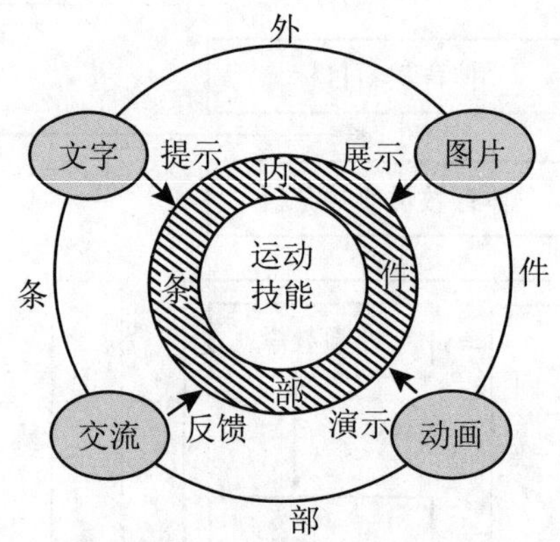

图 2-2 网络教学在学生运动技能形成中的作用

课程设计师是网络教学中的一个重要组成部分。一般情况下,网络教学课程设计主要包括设计具有重要导航作用的相关功能模块,要在课程的总体框架中将此重点体现出来,设计的内容要合理,符合具体的教学实际和学生的学习基础,同时还能促进所有学生的学习和提高。

与一般的教学课程相比,体育教学课的环境相对较为开放,容易受外界各种因素的影响。除此之外,体育教学规律也会制约体育教学活动的实施,在教学规律影响下的体育教学过程涉及方方面面的因素,如身体锻炼、理论认知、掌握技能、情感体验、社会交往等。正因如此,才要严格选用体育教学模式,尽可能地发挥教学模式的最大效用,从而实现教学任务与目标。

在体育教学中科学选用体育教学模式的程序如图 2-3 所示。

在网络教学背景下，体育教师要立足学校的具体实际和学生的特点，尽可能地去创造与优化教学条件，依据恰当的教学目标设计出符合课程单元、学时及单元教学目标的网络教学方案，便于学生在网络中学习。同时还要确定好教学单元的重难点教学内容，采取合理的教学组织方式，选取适宜的教学方法，如此才有利于取得理想的教学效果。

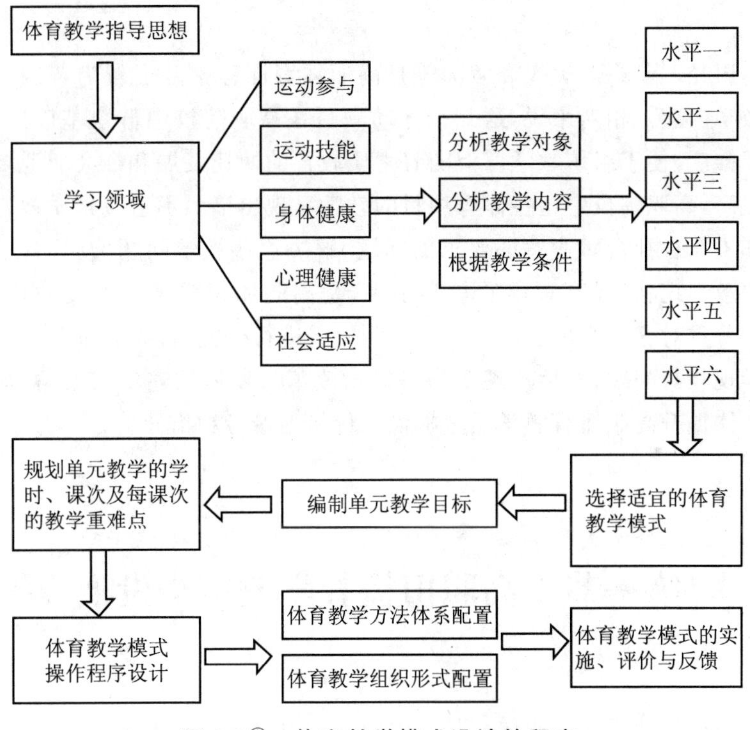

图 2-3①　体育教学模式设计的程序

① 吴烦．武汉市中小学体育教学模式的选用现状及发展对策研究[D]．湖北大学，2016:24.

第三章　高职体育教学改革与发展的实证研究

田径、篮球、健美操和游泳等是高职体育课程中开展较为普遍的一些教学内容。相对来说，这几个运动项目在高职院校中群众基础广泛，易于推广，便于组织教学。但随着素质教育的快速发展和社会职业要求的提高，高职院校中这些体育项目的教学呈现出诸多不适应素质教育环境和不符合社会职业发展要求的问题，解决这些教学问题，改善各项运动的教学现状，提高教学质量和水平，是高职体育改革与发展的重点。本章着重对这几个项目的教学改革与发展进行研究，首先分析各项目的教学现状与问题，然后从现实出发提出改革与发展的建议与策略，从而为整体提升高职体育教学质量提供有价值的参考和指导。

第一节　高职田径教学改革与发展

田径运动成为高职体育教学中的重要内容已有几十年的历史了，经过多年的发展，高职田径教学模式趋于稳定，取得了一定的教学成果，在增强学生体质和培养学生身体活动能力中发挥了重要作用。但随着高职体育教育内容的不断丰富和时尚性、趣味性运动项目不断进入高职院校，田径教学的地位日渐下降，开设田径课程教学的重要性被忽略，导致田径教学面临着巨大的困境，在进行高职体育改革的过程中，田径作为高职体育基础课程之一，教学改革刻不容缓。

一、高职田径教学现状

（一）教学理念落后

当今时代要求高职院校树立“以人为本”的育人理念，并将该理念贯穿于体育课程教学中。田径作为高职院校体育教育的基础课程之一，也必须适应时代要求，树立“以人为本”的教学理念。

然而，在传统教学理念和教学模式的影响下，“以人为本”的理念常常被教师忽视，在田径课程教学中得不到体现，具体表现为田径教学中强调竞技性，忽视健身性和娱乐性；强调学生掌握田径技能，忽视了学生的体质健康和情感体验；没有按照学生的身心特点、兴趣爱好设置教学内容，没有围绕学生这一主体和中心组织教学，学生的发展需求得不到满足，虽然他们的田径运动水平得到了提升，但综合素质较差，不符合以人为本和素质教育的要求。

（二）教学内容单调枯燥

随着现代社会的不断进步，人们所追求的物质与精神生活的层次也得到了提升，而且人们的健康观念、体育观念也发生了变化，逐渐确立了先进的健康观和体育观。在这一时代背景下，高职体育的发展呈现出健身化、娱乐化、大众化的趋势。与之相比，高职田径教学内容略显单调，学生的学习兴趣逐渐降低，对田径课产生枯燥乏味的感觉。在田径课教学中，以个人项目为主，学生要多次重复进行负荷较大的单一练习，很少有机会能体验集体项目中的团结合作，单调的练习内容和练习方式导致学生对田径课产生厌烦和抵触情绪。

（三）教学方法陈旧

自田径运动成为高职院校体育课程的重要内容之一以来，随着田径教学理念的更新、教学条件的变化和教学环境的改善，田径教学方法发生了很大的变化。但与高职体育的发展新趋势相比，田径教学方法依旧比较传统、陈旧。

田径教学方法陈旧主要表现为以传授技能的传统教学方法为主，如讲解法、示范法、练习法等，传统教法忽视了学生的兴趣爱好和个性特征，对师生互动与生生互助不够重视，而且在方法实施中过分强调所学内容的系统与完整性，忽视了趣味性的组织与实施，不利于培养高职学生的创造思维和综合素质。

（四）教学评价方式单一

目前，高职田径选项课教学中存在教学考评方式单一的严峻问题，即简单测试学生几个田径项目的成绩，用个别项目的数据指标对学生的田径学习成果和技能水平做出判断，事实上这并不是反映学生真正田径学习效果的有效方式。

体质差的学生在田径教学的单一评价中往往不容易达标，这会对体质弱势群体的参与积极性造成严重打击，单一评价指标也无法真实评价学生的学习态度、学习进步情况，无法将学生的个体差异体现出来，对学生个性发展不利。总之，单一的考评方式存在诸多弊端，无法使教学评价的激励功能、反馈功能等得到充分发挥。

二、高职田径教学改革与发展策略

通过分析高职田径教学现状，了解高职田径教学中存在的诸多问题与不足，我们建议从以下几方面来有序改进田径教学现状，充分提升高职田径教学质量。

（一）明确指导思想，认识田径教学的重要性

田径运动的娱乐趣味性不如球类运动，学习过程和其他项目的学习相比本身就比较单调枯燥，而且掌握田径运动技能不是一朝一夕的事，需要长期坚持练习，如此才能提升基本运动能力，为参与其他运动项目打好基础。田径运动自身的属性对其教学问题的出现造成了一定的影

响。但田径运动的作用与价值也是非常大的，其在增强学生体质、锻炼学生意志品质中发挥着举足轻重的作用，是素质教育的重要手段之一。

田径练习尤其是中长跑、跨栏跑练习，能够有效促进学生身体素质的全面协调发展，并能培养学生面对困难与障碍的正确态度，教育学生勇敢战胜困难，坚持完成任务，顽强拼搏，不轻易放弃。这是培养和锻炼学生意志品质的良好手段，对促进学生身心健康具有重要意义。可见，田径在素质教育中发挥着重要作用。高职院校应充分认识到田径运动的重要性，重新确立田径教学的重要地位，主动打破田径教学的僵局，促进田径教学获得新的进步与发展。

高校应坚持“健康第一”的指导思想，在科学教育思想的指导下开展田径教学实践工作，围绕学生主体组织实施田径教学内容和教学方法，促进学生体质健康水平的提升、基础运动能力的增强，为学生参与其他运动项目以及养成终身体育锻炼习惯打好基础。

(二)深化田径教学内容改革

对高职田径教学内容的改革要从以下两方面着手。

1. 突出健身性和趣味性

集健身性与趣味性于一体的高职田径教学内容能够更好地吸引学生参与，培养学生的健康体质和综合素养。因此，在高职田径教学内容改革中要将传统教学内容的健身性与趣味性突显出来，并开发与引进既有健身性又有趣味性的新内容。

第一，在田径教学内容体系中纳入定向越野、野外生存等具有挑战性的内容，调动学生的参与兴趣和积极性。

第二，对一些项目的练习内容与手段进行整合、提炼、重组，形成新的更具有健身意义和实用价值的练习内容与手段，从而丰富练习内容，创新练习手段。

第三，在走、跑、跳、投等基本运动形式的基础上对丰富多样的趣味性练习方法和组织形式进行开发与探索，使教学内容贴近学生生活，符合学生身心特点和个性发展特征，满足学生需求，突出田径教学内容的健身性、简单化、实用性。

2. 教材化改造

当前，高职田径教学存在重竞技轻健身的问题，教学内容竞技性强，竞技田径训练逐渐成为田径教学的主体，导致学生对强度大、难度大的竞技田径教学内容产生畏惧与抵触心理。对此，必须重视对竞技性田径教学内容的教材化改造，采用提炼、加工、重组等方式来弱化田径教学内容的竞技性，以便于田径项目在高职院校的进一步推广。

对高职田径竞技性教学内容的教材化改造可以参考下列一些常见的经验性做法。

(1)简化方向改造：降低项目难度，简化场地器材规格和规则要求等。

(2)游戏化方向改造：基于走、跑、跳、投开发丰富的游戏内容和练习手段。

(3)文化方向改造：体现田径文化内涵和氛围，促进学生对田径运动文化内涵的理解。

(4)理性方向改造：结合现实生活挖掘田径运动的一般原理，提高学生对田径规律的认识。

(三)综合运用多种教学方法手段

从运动训练方法演变而来的传统教学方法在实施过程中带有明显的教程化特征，教师按比较固定的模式实施教学方法，长此以往，必然会引起学生的厌烦和抵触。随着体育教育的不断发展，新的教学方法层出不穷，如探究式教法、启发式教法、情境式教法、多媒体教法、比赛教法、游戏教法等，将这些新的教学方法运用到田径教学中，对改善高职田径教学现状和提高教学效果非常有益。

不同的体育教学方法各有优势和不足，体育教学新方法也是如此，采用不同的方法会产生不同的效果。没有一种教法是万能的，因此在田径教学中要从田径运动特点、学生学习需要和学校教学条件等实际出发而合理选用、综合运用以及优化运用各种教学新方法，田径教学方法的优化方式如图 3-1 所示。

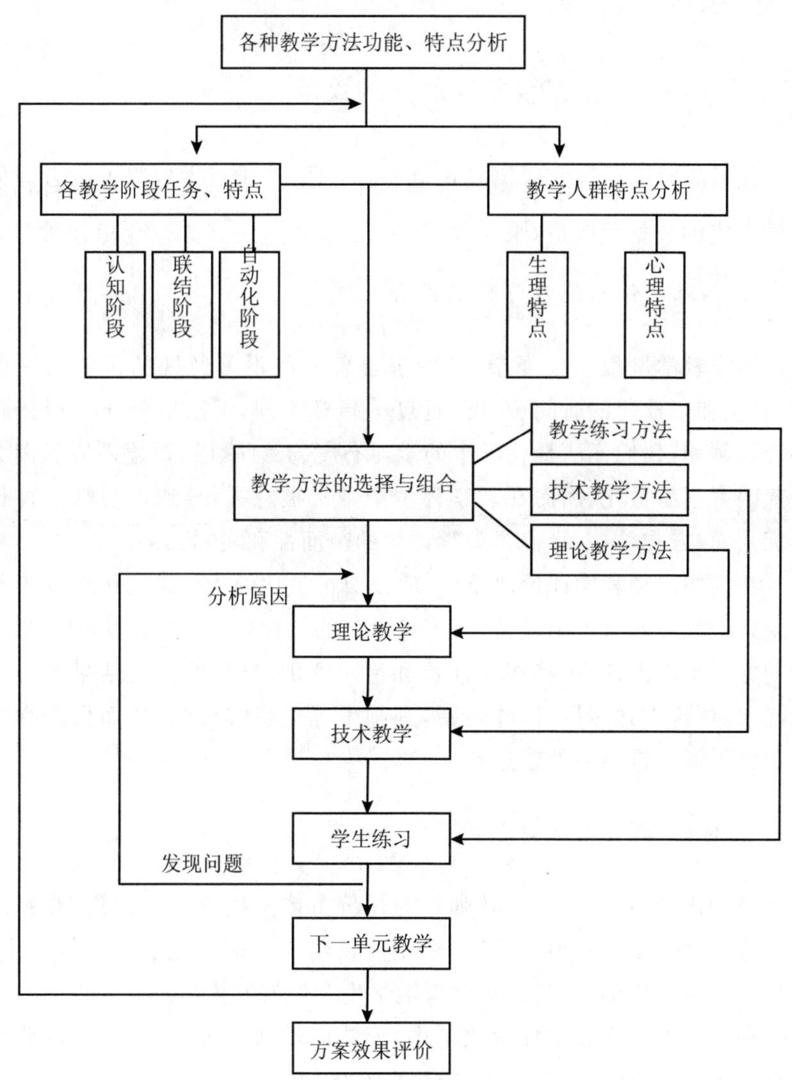

图 3-1　田径教学方法的优化程序①

通过改革与综合运用田径教学方法，不仅要使学生对田径理论知识、基本技能以及锻炼方法有充分的掌握，还要启发学生的创新思维，培

① 张建龙，王炜．体育教学方法优化组合的依据、原则与程序[J]．新西部（下半月），2009(5)：241＋238.

养学生的创新意识与能力。

(四)加强田径教学考评方式的改革

针对高职田径教学考核方式单一的问题,要重点做好以下两方面的改革工作。

1. 相对评价与绝对评价的结合

田径教学过程比较复杂,其中蕴含着一些不可忽视的重要人文因素,它们和可量化的时间、高度、远度等指标不同,无法以量化手段进行评价。例如,我们无法量化学生的学习态度、心理素质、道德品质。因为这些因素不易量化,因而在教学评价中常常被忽视,导致田径教学评价指标片面、方式单一,影响了教学评价的全面性和实际效果。

在高职田径教学评价改革中,应该对可量化的指标采用绝对评价和结果评价的方式来做出评价,对不可量化的指标采用相对评价和过程评价的方式来做出评价,将相对评价和绝对评价、过程评价与结果评价结合起来,评价方式多样,操作灵活,为师生提供真实反馈,从而根据真实评价结果而改进田径教学过程。

2. 自评、他评与互评的结合

高职田径教学评价中,教师作为评价主体发挥着重要作用,教师对学生进行评价是一种他评方式,但不能仅仅以教师的标准去评价学生,否则会影响评价的真实性,也会影响学生个性的发挥与发展。

在今后的田径教学评价改革中,依然以教师评价为主,同时也要与学生自评、生生互评结合起来,采用多元化评价方式进行综合评价,最终将用不同评价方式进行评价的结果按一定的比例进行综合,从而对学生的学习效果做出客观而全面的评价。

多元评价方式尊重学生作为评价主体的地位,能调动学生主动参与学习评价的积极性,引导学生在自评中反思与反省,在他评中发现同学的特长,促进与同学的沟通交流,并激发学生完善自我的积极性。

第二节　高职篮球教学改革与发展

篮球运动是高职大学生喜闻乐见的球类项目之一，是高职体育教学中占据重要地位的一项教学内容。开展篮球教学不但能够促进学生体质健康水平的提升，还能对学生的团结协作意识与能力、集体主义精神、竞争意识、规则意识等进行培养。本节具体分析高职院校篮球教学中存在的弊端，并提出高职篮球教学改革与发展策略。

一、高职篮球教学现状

（一）教学内容设置不合理

高职篮球课程教学内容主要包括篮球理论知识、篮球技战术两个部分。篮球理论知识教学是篮球技战术教学的前提与基础，篮球实践教学一定程度上是对理论知识的检验，为学生运用理论知识解决实践问题提供了良好的机会。所以说，篮球理论知识与篮球技能关系密切，是篮球教学内容体系中的两大主体，缺一不可。

然而，当前我国高职篮球教学中存在重实践、轻理论的问题，理论课时少，理论教学内容占比小，与备受重视的篮球实践教学的课时数、内容比例相比差距非常显著。这直接造成了篮球理论教学与实践教学相脱离的后果，严重影响了篮球教学的整体效果。

此外，高职篮球实践教学中，教学内容缺乏创新性，篮球教师以传授运球、投篮等基础篮球技巧为主，忽视了篮球技术动作的丰富多样性和篮球战术教学，导致学生掌握的篮球技术不够系统和全面，也造成了篮球技术与战术的分离。

(二)教学模式单一

高职篮球教学模式单一是导致高职大学生在篮球课上表现不积极、篮球课堂教学效果不尽如人意的一个主要原因。

当前,我国高职院校虽然开设篮球教学活动的时间比较久,但很多院校的篮球教学体系依然不够系统、全面,其中教学模式单一、固化以及脱离学生实际是非常严重的一个问题。在篮球教学中,很多教师都是先口头讲解理论知识、技能方法,然后进行动作演示,简单指导学生练习,程序简单,模式单一,无法吸引学生的注意力。

另外,高职篮球教学模式与学生的实际情况关联不紧密,缺乏基于对学生实际情况进行全面而深入了解的基础上所构建的教学模式,从而严重影响了学生参与的积极性。

(三)教学投入不足

教学投入不足是制约高职篮球教学改革与发展的重要因素之一,主要表现为教学设施建设滞后和师资力量薄弱两个方面。

1. 教学设施方面

高职院校的篮球场馆、设备等基础设施资源数量较少,利用率不高,从而影响了篮球教学的顺利进行。高职篮球教学改革与发展是建立在完善的篮球设施条件这一基础之上的,然而,由于一些高职院校办学经费紧张,在体育场地设施建设方面投入较少,导致体育场地设施不齐全,而且一些场地设施因为缺乏及时维护而影响了使用功能,也因为缺乏管理而影响了使用率。场地设施建设投入少与不断扩大的学生数量和不断增长的运动需求构成了严峻的矛盾。

2. 师资力量方面

我国高职院校篮球教师很多都毕业于体育院校,虽然对篮球理论知识有系统的掌握,拥有专业的理论知识,但教学经验少,尤其是年轻教师的教学经验非常少，这对其在篮球课上的组织效率、对教学内容与方法的实施质量造成了影响。

此外，高职体育师资队伍的稳定性较差，师资流动性和普通高等院校相比是比较大的，从而影响了篮球教学的长期稳定发展，也造成了学生学习心理波动的后果。

二、高职篮球教学改革与发展策略

（一）思想上重视篮球教学，创建良好的教学环境

现阶段，我国高职篮球教学中普遍存在运动场地设施少、硬件条件差、学生运动空间少等问题，这最终影响了学生参与篮球运动的兴趣和积极性。此外，篮球教学硬件条件差也制约了篮球教师顺利组织篮球课教学，导致篮球教学任务无法顺利完成。尤其是随着高职院校的不断扩招，现有运动场地设施资源更显不足，基本矛盾进一步加剧，严重限制了高职篮球教学的顺利进行与改革发展。

针对以上问题，高职院校领导必须从思想上重视篮球教学，明确篮球教学在高职体育教学中的重要地位，充分肯定篮球教学在培养学生方面的重要作用，转变传统观念，加大对篮球教育事业的投资力度，改善篮球教学的基础设施条件和物质环境，提高篮球教学基础设施资源的质量，为篮球教学活动的顺利开展提供基本物质保障。

只有加大篮球基础设施投入力度，改善篮球场地设施条件，完善篮球教学的物质环境，才能使篮球教学开展的基本需求、学生参与课外篮球活动的物质需求得到基本的满足，才能为进一步进行篮球教学内容、方法和模式的改革与创新奠定基础。

（二）优化教学内容设置

鉴于当前高职篮球教学中教学内容设置不合理、内容单一的问题，要加强对篮球教学内容的优化设置与改革创新，不断丰富篮球教学内容，吸引学生主动学习篮球知识与技能，在课堂上积极配合教师，并自主

探索篮球学习方式。

对高职篮球教学内容的优化设置与改革创新主要从以下几个方面着手进行。

首先，了解学生的需求、学校教学条件、学校办学特色，在此基础上对篮球教学内容进行优化设置。

其次，根据不同年级学生的学习水平而有针对地设置篮球理论知识和技能内容，因材施教，促进篮球教学内容体系的完善。

再次，尊重不同学生的篮球水平差异，根据不同学生的篮球水平和学习需求层次而进行层次化教学，对篮球技能的难易程度进行调整，以满足不同水平学生的学习需求。

最后，合理安排篮球理论课和实践课的比例，重视理论教学，优化学生的篮球知识结构，提升学生的篮球理论素养和篮球文化水平，这对学生更好地理解篮球技能、掌握篮球技能及提升篮球竞技能力具有重要意义。可以将部分篮球理论知识穿插到技战术课中去讲解，促进篮球理论知识与技能的有机结合。

（三）加强教学方法的创新设计

篮球教学方法创新是高职篮球教学改革的一个重点，根据教学需要和学生特点而设计与采用创新性的篮球教学方法对提升篮球课堂教学效果具有重要意义。下面简单介绍几种适用于篮球教学中的教学新方法。

1. 指导发现教学法

指导发现教学法是指篮球教师在教学中简单改造篮球教材内容，给学生提供大量的直观感知材料，使学生自己解决问题的教学方法。这种教学方法多用在篮球战术教学中。

在篮球教学中运用指导发现教学法的操作程序如图 3-2 所示。

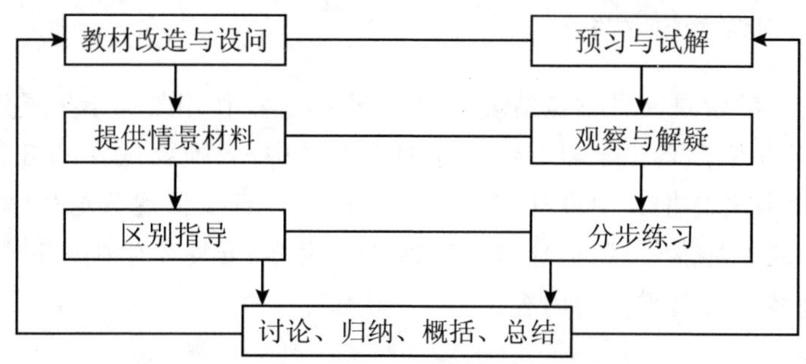

图 3-2　指导发现教学法①

2. 程序教学法

程序教学法又称"小步子教学法"，将其运用到篮球教学中，教师先要求学生按照预先设计好的小步子来学习，及时给予评价，并反馈学习结果，然后根据学生的学习结果决定下一步计划，如果学生这一步的学习达到了标准，则可进入下一步学习；否则要重新学习这一步，这有助于激励学生进步和提高学习效率。

程序教学法用于篮球技术教学中的操作程序如图 3-3 所示。

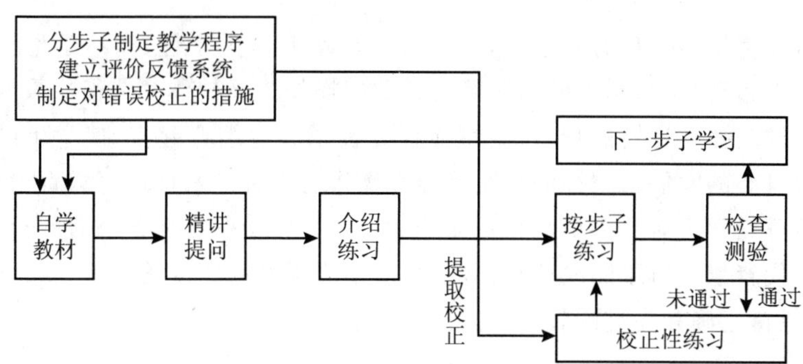

图 3-3　程序教学法②

① 李蓁．试论篮球教学方法的设计原则及有效性运用[J]．当代体育科技，2015，5(10)：166+168.

② 同上。

3. 网络教学方法

网络教学是一种虚拟情境的教学方式，主要作用是为学生提供学习资源，便于学生自主学习。在篮球网络教学中，教师要做好网络课程设计工作，在总体框架中设计丰富的功能模块来直接呈现篮球教学内容，发挥模块的导航作用，但导航的层级不宜太多，要便于学生通过目录导航快速找到自己需要的内容。

（四）开展课余篮球活动

课堂教学与课外活动可以相互补充和辅助，因此，篮球课堂教学离不开课外活动。在课余时间积极开展篮球活动，使学生对篮球运动有更多的接触与了解。从高职学生的特点出发，教师应多引导他们参加校园篮球活动，使学生在参与过程中获得乐趣，在实践中逐步提高篮球技能水平。

第三节　高职健美操教学改革与发展

健美操是一项有利于增强学生体质、培养学生个性、陶冶学生情操的时尚运动，越来越多的高职院校把健美操作为高校体育课程的重要内容。健美操有独特的魅力，它将体育和音乐有效结合起来，使学生同时获得身心的发展与精神的享受。健美操作为一种艺术性体育教育内容，在教育教学中有更多更严格的要求，而且它作为一项时尚运动，必须结合时代背景进行不断改革与创新，从而不断提升高职健美操运动教学水平，保持正确和先进的教学方向。

一、高职健美操教学现状

（一）教学环境不佳

健美操在高职院校属于一项新兴运动，高职健美操教学起步较晚，因而一些高职院校还未针对健美操的特点设置相关专业设施，没有准备专门的健美操健身房，健美操场地设施的建设相对于田径、球类等体育项目而言相对落后，这是导致高职学生对健美操缺乏专注度和健美操教学难以持续发展的主要原因。

（二）教学方式单一

高职健美操教学实践中，很多教师按照健美操教学大纲进行教学，目的是完成健美操教学任务，达成教学目标，因此教师通常将健美操动作教学作为重点，并且在授课过程中主要采用讲解性的教学方式，关于动作方法的教学以播放视频为主，随后学生进行短时间练习。这种单一的教学方式影响了学生学习的积极性，无法有效培养学生的学习兴趣。

（三）课时相对较少

高职院校为社会培养应用型人才，设置了各种不同的专业课程，而对体育课程不够重视。一些高职院校的体育课时相比于本科院校较少，每学年 32 节课左右，课时少直接影响了学生对健美操知识与技能学习的系统性，影响了学生的健美操运动技能水平。

（四）教学内容不够丰富

高职健美操教学内容单一直接影响了健美操教学质量。部分高职院校的健美操课程多安排一些动力性项目，学生因为缺乏这方面的基础而很难掌握好教学内容。此外，高校在健美操教学内容的安排中也没有贯彻因材施教的原则，对不同学生的健美操爱好、节奏感、运动基础等了解较少，因而没有开展类型丰富、内容多样的健美操教学，学生可选择的项目少，影响了其参与的积极性和参与度。

（五）考核方式有待完善

教学考核是反映教学质量的重要手段，很多高职院校缺乏科学有效的健美操考核方式，理论知识的考核中主要以试卷为主，考核内容大多是学生死记硬背的，缺乏灵活性和创新性。技能考核主要考基础成套动作的练习效果，有统一的考核标准，忽视了学生的个体差异。此外，健美操考核以教师为主体，以结果性评价为主，忽视了过程性评价、自评、他评等多种评价方式的综合运用。①

二、高职健美操教学改革与发展策略

（一）优化教学环境

场地和器材设施的充足配置是保证健美操课堂教学、课余活动和相关训练正常进行的基础条件，是健美操教学顺利进行的有力保证和健美操教学质量的根本保证。因此，高职院校必须增加专用场地设施的投资力度，拓展融资渠道，加大室内场地建设，优化场地质量，加强科学管理，提高场地设施的使用率。

另外，高职院校要加强对健美操器材的优化，让学生可以接触柔力球、轻器械、踏板等辅助教具，丰富教学内容，扩大学生的选择范围，提高学生的参与性，提升教学效果。

（二）加强对教学内容的规范与创新

高职学生思维活跃，勇于追求新事物。在信息化时代，健美操规定套路动作难以吸引学生和调动学生的积极性，因此必须丰富与优化高职健美操教学内容。

在高职健美操教学中，对不同的班级应安排不同规定套路动作，合理配置教材，以《全民健身规定套路》为基础学习内容，根据学校特色与学生特点自编教材，与时俱进，创新教学内容。也可以根据学生的兴趣爱好添加街舞规定套路、轻器械规定套路、有氧踏板、有氧舞蹈以及排舞等具有时代感的教学内容，提升学生的参与度。

① 吴婕．高职院校健美操教学现状及创新思路研究[J]．中国储运，2021(9)：136-137．

(三)加强校园健美操文化建设,营造良好的运动氛围

高职健美操教学是高职校园健美操文化建设的重要组成部分之一,高职校园健美操文化建设对健美操教学有重要影响。为了建设良好的校园健美操文化,高职院校应组建校园健美操运动队,成立健美操社团和俱乐部,举办校园健美操比赛以及其他相关活动,这样既能增加学生参与健美操的机会,又能丰富学生的课余文化生活,培养学生的自主学习能力和组织管理能力,营造良好的校园健美操运动氛围,提升学生对健美操运动的兴趣,这对提升健美操教学效果具有重要意义。

高职大学生更青睐于由学生自发的校园健美操组织,这类组织更容易将学生的参与积极性调动起来,将更多的学生带入运动环境中,使其对各种健美操活动产生兴趣,积极参与。因此高职院校体育部门要鼓励学生自发成立健美操组织,尊重学生的自主权和主体性。

(四)设计微课教学方式,提高教学水平

微课教学是指以视频为主要载体,在短时间内集中围绕一个知识点展开教学,解决问题,最终以视频形式呈现学习内容的教学方法。[①] 在现代信息技术背景下进行健美操微课教学对提升教学效果具有重要意义。在健美操微课教学中,微课教法和微课教学资源的设计是非常重要的两个环节。

健美操微课教学方法的实施过程从三个阶段安排,包括课前准备、课中教学与课后安排。在课前、课后安排学生自主学习微课教学视频。课前制作并及时上传微课视频,为课中学习提供资源和工具,学生反复观看视频,总结问题,课中提出问题并获得老师的解答与帮助,教师耐心指导学生,解决问题,从而提高课中教学效率。课后学生也可以将微课视频利用起来复习和预习功课,巩固所学知识,并为学习新内容做好准备。

---

① 陈启琴.微课技术在高校健美操专项教学中的应用研究[D].陕西师范大学,2017:16.

健美操微课教学方法的操作程序如图 3-4 所示。

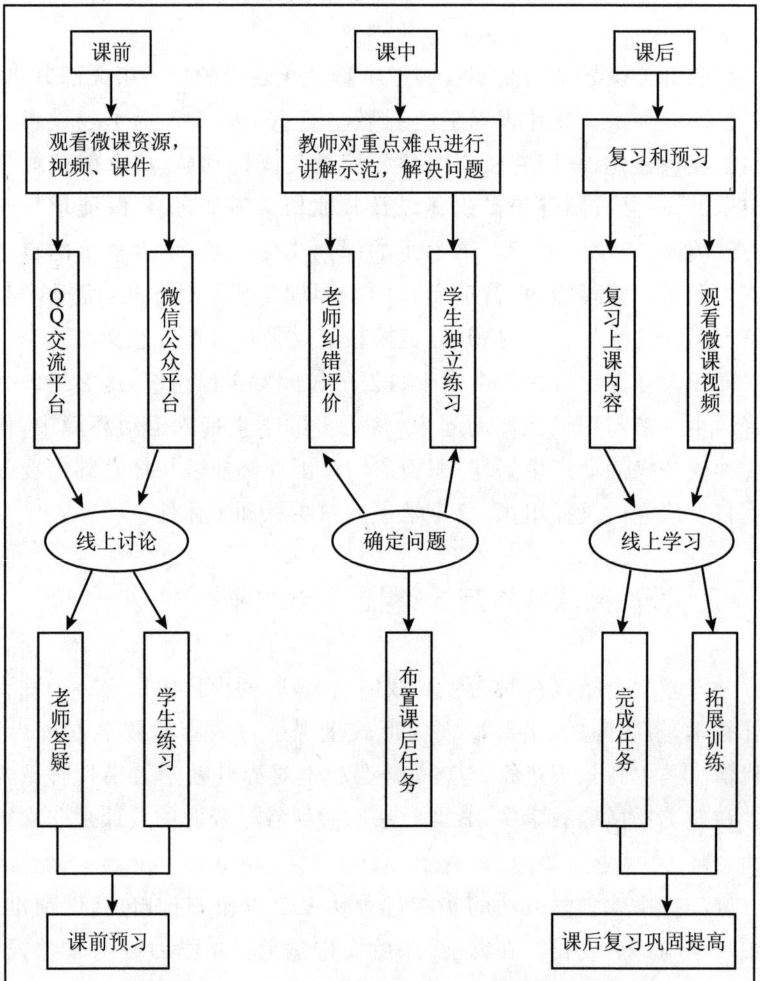

课前
观看微课资源，视频、课件
QQ交流平台
微信公众平台
线上讨论
老师答疑
学生练习
课前预习

课中
教师对重点难点进行讲解示范，解决问题
老师纠错评价
学生独立练习
确定问题
布置课后任务

课后
复习和预习
复习上课内容
观看微课视频
线上学习
完成任务
拓展训练
课后复习巩固提高

图 3-4　健美操微课教学方法的操作程序①

将微课教学方法运用到健美操教学中，还要注意对各个教学环节的优化设计，如图 3-5 所示。

① 陈启琴．微课技术在高校健美操专项教学中的应用研究[D]．陕西师范大学，2017：18.

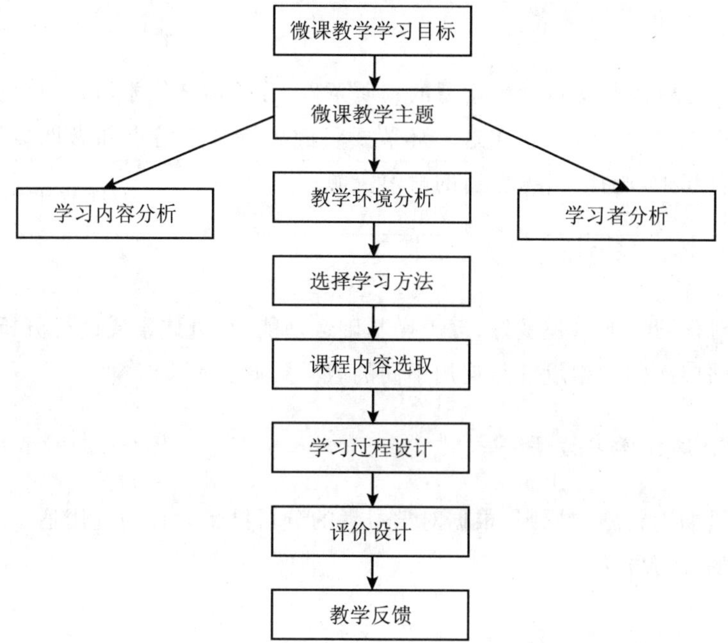

图 3-5　健美操微课教学环节设计①

1. 确定教学目标

首先确定健美操微课教学目标，再依此确定学习目标，然后依据教学目标和学习目标展开其他环节的设计。

2. 确定主题

根据健美操课程教学目标与任务确定微课主题。

3. 分析教学内容

教师认真分析教材和教学内容，充分把握重难点内容和学生容易出错的内容。

① 陈启琴．微课技术在高校健美操专项教学中的应用研究[D]. 陕西师范大学，2017:20.

4. 分析学习资源

学习资源是支持学生学习的物质条件，分析与选用学习资源直接关系到学生的学习成果。在这一环节要将健美操教学特点和微课教学特点结合起来，选择丰富、合适的学习资源。

5. 分析学习者

对学习者的兴趣爱好、健美操基础运动能力、身体素质进行分析，针对不同层次的学生设计与选用不同的教学资源。

6. 选择学习方法

贯彻因材施教原则，根据对学习者的分析结果设计与选用适合不同学生的学习方法。

7. 选取课程内容

根据教学目标确定课程内容，课程内容要能够满足学生的兴趣爱好，促进学生全面发展。

8. 设计学习过程

微课学习过程较为复杂，因此要设计好每个环节，各环节之间紧密联系，相互影响，教师在学生自主学习中发挥重要的引领作用，要注意培养学生的自主学习能力。

9. 设计教学评价

将过程性评价和终结性评价结合起来，从而了解学生在微课教学中的自主学习状态和最终的学习效果。

10. 教学反馈

微课教学结束后教师认真反思自己的教学行为，并总结问题和建议，完善微课教学设计方案。

(五)不断健全教学评价机制

为了进一步提升高职健美操教学质量,对健美操教学评价机制加以完善很有必要。在健美操教学评价机制的创新中,要突破传统健美操教学评价中以结果评价为主的单一方式,将过程评价重视起来。而且除了继续发挥教师作为评价主体的重要作用,还要充分尊重学生的主体作用,鼓励学生进行自我评价,引导学生之间相互评价。此外,应将学生个体考核与健美操队团体考核结合起来,同时计入最终的考核成绩。

只有不断创新健美操教学考核与评价方式,完善考评体系,才能充分发挥教学评价的作用,提升健美操教学效果和质量。

第四节　高职游泳教学改革与发展

在高职体育教育中,游泳教学相对于田径运动教学、球类运动教学是比较落后的,有一定比例的高职学生不会游泳,这与他们对游泳运动的高度热爱形成了明显的反差。要对高职游泳教学进行改革,加快游泳教学的发展速度,提高游泳教学质量,追赶其他项目教学水平,就要在分析高职游泳教学现状、了解游泳教学问题的基础上探索游泳教学理念、教学条件、教学内容、教学方法与模式等各个教学要素的优化与改进措施,最终整体提高游泳教学水平。

一、高职游泳教学现状

(一)教学理念有偏差

当前,我国高职体育课程教学存在过分强调安全教育、忽视运动技能规范教学的弊端。游泳是高职体育课程的教学内容之一，特殊的运动环境使游泳运动本身就具有一定的风险，在游泳教学中师生格外注意安全，这是很有必要的，但有时师生为了安全起见而忽视了游泳技术动作教学的规范性和准确性，表现为教师在泳池边指导，忽略了动作细节；学生浅尝辄止，动作不够规范等，这其实是游泳教学理念存在偏差的结果。游泳教学理念的偏差对游泳教学质量造成了严重影响。

（二）学生游泳基础较差

高职院校的学生来源很广，有很多学生尤其是生活在北方地区的学生没有接触过游泳运动，一些来自乡村地区的学生几乎没有接受过专业的游泳指导。从性别来看，会游泳的女生相对少一些，所以说高职学生的游泳基础参差不齐，增加了游泳教学的难度。

（三）教学设施不健全

游泳场馆、设备等基础设施不齐全是制约我国高职院校游泳课正常开展的主要因素之一。高职院校因为办学经费有限，所以在游泳场馆建设方面投入较少。建设游泳场馆需要一笔可观的经费，这对体育经费不足的院校来说无疑是巨大的难题。有的高校因地制宜，利用室外泳池进行游泳教学，但如果遇到恶劣天气，就无法正常上课了。此外，高职院校的游泳场馆还存在设备不齐全、功能单一、水质不达标、管理不到位、利用率不高等问题，这些普遍性的问题导致高职游泳教学效果较差，甚至都无法在规定课时正常开展游泳教学工作。

（四）缺乏专业游泳教练员

高职院校游泳教学的顺利开展离不开专业游泳教练员的组织和指导，专业游泳教练能够有效指导学生学习游泳技能和技巧，并能在指导的同时更好地提供保护和帮助，保障学生的安全和学习效率。但是，当前我国很多高职院校都没有足够的专业游泳教练员提供专业游泳指导，教练员缺失的问题普遍存在，游泳教练员与上课学生的比例没有达到有关政策规定的高校体育师生配比的要求，严重限制了游泳课的实施。

二、高职游泳教学改革与发展策略

（一）提升游泳课地位，保证学生的上课时间

要改善高职游泳教学现状，就要从思想上高度认识游泳运动的重要性，改变游泳课在体育课程中的边缘地位，提升游泳课的地位，合理安排游泳课的课时，保障学生的上课时间。

（二）转变教学思想，更新教学理念

高职院校要对游泳教学给予一定的重视，及时转变教学思想，更新教学理念，确立健康第一、以人为本、终身体育等教学思想，从学生的身心特征、学习需求出发设置游泳课程，在科学教学理念的指导下开展有效的游泳课程教学工作，并加大对游泳运动的宣传力度，提升学生对游泳的认知水平，使之从未接触过游泳运动的学生对游泳产生兴趣，主动参与其中，利用上游泳课的机会掌握更多的游泳知识和技巧。

（三）完善游泳设施条件

改善游泳教学设施条件是提高高职游泳教学效果的重要举措。为了完善高职院校游泳场馆设施条件，为游泳教学提供良好的物质环境和硬件支撑，高职院校应拓宽体育经费来源，适当加大游泳教学经费的投入力度，并将部分比例的经费用于专业场馆建设和维护中，同时将场馆内的游泳器材、设备配备齐全，保证游泳场馆设施的正常使用。

完成专业游泳场馆的建设之后，可以实行游泳馆的市场化和商业化运作机制，有偿对外开放场馆，增加收入来源，将这部分经费用于对游泳场馆的维护和管理。

(四)加强游泳教学模式的改革

随着高职学生在游泳课程教学中需求的不断提升和高职体育课程的深入改革,传统教授模式的弊端越来越明显,在新的教育背景下对游泳教学模式进行改革势在必行。

对游泳教学模式的改革应主要从以下几方面进行。

第一,改变传统教学模式的单一化,设计趣味性教学方式,寓教于乐,提高学生学习的积极性。

第二,丰富教学内容,除了教学生基本游泳技能外,还要教一些实用游泳技能、游泳安全防护技能,提高学生自救能力和救护他人的能力,并促进学生实践能力的提升,为将来就业打好基础。

第三,组织实施分层教学,依据学生的性别、兴趣爱好、游泳基础、体质水平等将他们划分为不同层次,对不同层次的教学对象进行针对性的分层教学,从而不断激发各层次学生的学习热情,满足各层次学生的学习需求,提升游泳教学效果。

(五)建设优秀的游泳师资队伍

高水平的专业游泳教练是提升高职院校游泳教学质量的人力保障,当前我国高职院校需要尽快培养和引进一批高水平的游泳教练员队伍,改善游泳师资队伍现状,提升队伍的专业水平。

首先,依托院校体育教学资源进行游泳课相关教学人员的培育,或选派本校相关人员进入游泳专业培训机构进行再次培训。

其次,树立人才引进理念,招聘国内外优秀在役或退役游泳运动员或教练员进入院校执教或临时指导。

(六)重视游泳的模块化教学

模块化教学是一种新兴教学方式,它的核心在于培养学生的能力。在素质教育背景下,高职院校积极落实素质教育政策,实行兼经济性、针对性、灵活性于一体的模块化教学模式,并受到广大学生的认可。采用模块化教学方式,有利于培养学生的实践操作能力、创新创业能力,使学生拥有良好的专业素质和技能水平，满足社会发展的需求。

模块化教学方式与游泳运动教学特点具有一定的适应性，将其引进高职游泳教学中具有充分的可行性。在高职游泳课程教学中采取模块化教学方法，需要将游泳教学内容中具有相同或相似功能的理论知识或技术动作组合成若干功能模块，然后按照重组的功能模块展开教学，并将理论教学和技术练习结合起来，完成理论与实践教学任务。

在高职游泳运动教学中采用模块化教学方式，首先要对游泳教学现状和学生需求进行调查研究，然后结合游泳课程教学内容结构体系和技能标准来展开对主题鲜明、目标明确的相关模块的遴选与组合，设置模块化教学方案，按方案进行模块化教学，实时进行课堂评价，并将不同的模块融会贯通，提升游泳教学效果。

总之，将模块化教学运用到游泳课程教学中具有重要作用，游泳模块化教学的操作程序如图 3-6 所示。

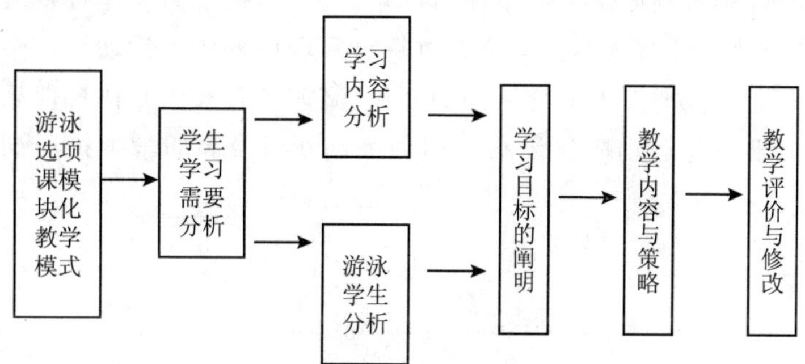

图 3-6　游泳模块化教学①

① 王云飞．新时期我国高职游泳选项课模块化教学的创新研究[J]．体育科技，2015，36(2)：136-138.

第四章　高职课外体育活动与课余训练的发展

体育课堂教学是高职体育的核心内容和重要组织形式，除了体育课堂教学外，与其互补的课外体育活动、课余体育训练都是高职体育必不可少的组织形式与呈现方式。大力开展课外体育活动，组织课余运动训练，有利于弥补体育课堂教学的缺陷，促进高职体育教育在时间与空间上的延伸，拓宽高职学生健康体质的培养路径，提升高职体育发展水平和高职学生的体育素养。本章着重探讨高职课外体育活动与课余训练的发展，包括高职课外体育活动的开展、高职体育社团与体育俱乐部的建设、高职体育运动队建设和运动训练创新以及高职学生拓展训练的组织。

第一节　高职课外体育活动开展现状与建议

高职院校要培育拥有健康体魄、专业知识与专业技能的专业性人才，课外体育活动是培养高职学生健康体魄的重要手段。课外体育活动丰富多彩，时间相对自由，弥补了体育课教学内容固定化和时间有限的不足，学生参与丰富的课外体育活动，能够有效增强体质，提升健康水平，可见高职院校开展课外体育活动具有重要意义。本节具体探讨高职院校开展课外体育活动的意义、开展现状和改进策略。

一、高职院校开展课外体育活动的意义

在“健康第一”“素质教育”“以人为本”等现代体育教育的指导思想下，各大高职院校积极开展课外体育活动，在育人方面具有以下几方面的意义。

（一）丰富学生课外生活，促进其个性发展

对高职学生而言，既要在体育课堂教学中进行规律性、系统性的体育学习，又要参与丰富的课外体育运动。学生利用闲暇时间合理参与自己感兴趣的体育活动，能够给自己的大学生活增添色彩，充实自己的课外文化生活，拓宽视野，积累更多的运动经验，同时还能够缓解学业压力，减轻精神和心理负担，对个性的成长与发展极为有益。

（二）培养学生的终身体育意识

一些高职院校通过设置内容丰富、形式多样的课外体育活动来增强学生体质，学生可以自主选择感兴趣的活动积极参与其中。高职学生参与有趣的课外体育活动，能够使身体与心理保持舒适自然的良好状态，在活动过程中，学生将所学体育知识运用到实践中，促进知识与实践的融会贯通，进一步巩固知识与技能，并将体育技能激发出来，获得愉快的体验和能力的提升。长此以往，学生能够逐渐养成自觉参与体育运动的好习惯，终身体育意识逐渐形成、强化。

（三）提升学生的社交能力

一些集体性的课外体育活动是需要参与者相互合作或竞争才能完成的，因此说课外体育活动是锻炼学生社交能力的重要手段。学生参与课外体育活动，与其他年级或班级的学生沟通、合作、竞争，共同竞技，既可以建立友谊，又可以对学生的团队合作意识、竞争意识、集体主义精神、公平公正意识等体育精神与能力进行培养，而这些精神与能力是高职学生未来适应社会的必备素质。

二、高职课外体育活动开展的基本情况及原因分析

现阶段，我国部分高职院校开展的课外体育活动较少，表现为内容少，形式单一，缺乏创新，体育文化氛围不浓，因而影响了学生参与的积极性，最终导致开展效果不理想。下面具体分析高职课外体育活动开展现状，这些现状同时也解释了高职课外体育活动开展不理想的原因。

（一）思想上不重视

给学生传授专业知识和专业技能是高职教育的主要任务，因而高职院校对专业课程教学给予了高度重视，而对学校体育工作则存在一定的忽视，尤其是忽视了课外体育活动的开展，对课外体育活动在培养学生健康体质、创新素养、职业精神等方面的作用缺乏深入认识和理解，也忽视了开展课外体育活动对高职校园文化建设的重要性。

（二）活动经费、场地及时间都缺乏保障

1. 经费方面

高职办学经费用于多个方面，用在一些硬指标上的经费占了很大的比重，如招生、专业课程建设、教研活动、实习、创新创业教育等。相对来说，用于体育工作的经费较少，而用于课外体育活动的经费更是少之又少，很难保证活动效果。

2. 场地方面

一些高职院校因为办学条件有限，所以在体育运动场地设施建设方面，数量较少，甚至质量也无法保障，学校现有运动场地缺少一些重要的功能，并且年久失修，维护不当，无法满足学生参与体育课堂教学和课外体育活动的需要。

3. 时间方面

高职院校以就业和创业为导向而开展专业的教育活动，和普通本科高校相比学制较短，学生面临繁重的实习实训任务，所以学校安排的课时比较满，学生每天上好几节课，课外活动时间少，甚至还达不到阳光体育活动规定的课外活动时间，即每周至少3次、每天至少1小时。

（三）缺乏健全的体育工作机制

高职院校体育发展相对滞后，学校体育工作的开展缺乏健全的运作机制，尚未形成集系统性、规范性和可操作性于一体的长效机制，也没有从根本上建立体育相关的目标责任制度、监督检查制度和奖惩制度，在开展有关工作中缺乏有效的沟通协作。

（四）体育师资力量薄弱

很多高职院校普遍存在体育师资力量不足的问题，专职体育教师数量少，师生比达不到国家要求。体育教师数量有限，每位教师承担的体育教学任务繁重，因此没有足够的时间去组织和指导课外体育活动，而缺乏组织指导又严重影响了学生参与课外体育活动的积极性，也使得学生在课外体育活动中的一些动作问题无法得到及时解决。

此外，高职大部分体育教师擅长的体育项目主要是一些常见的传统体育教学项目，如田径、球类、武术、健美操等，而对其他一些新兴体育项目如轮滑、街舞、攀岩、瑜伽、冰雪等了解甚少，这方面的专业教师严重缺乏，从而导致高职院校体育教学内容和课外体育活动内容单一，对学生参与课外体育活动的积极性造成了制约。

（五）学生体质考评体系不完善

高职院校体育工作相对滞后与薄弱的一个主要原因就是缺乏完善的评价体系，评价体系的缺失不仅导致学校不重视体育工作，也导致学生群体忽视体育课和课外体育活动。

学生体质考评机制与体系的缺失主要表现在以下两方面。

1. 有关部门的检查督导力度弱

为使高校顺利开展体育相关工作，国家制定了一些标准和条例，但至于高校执行这些标准和条例的情况如何，政府主管部门缺乏深入调查和严格检查。有关部门听取汇报之后虽然也反馈了高校体育工作存在的问题，提出了改进要求，然而没有采取一定的措施惩戒体育工作不符合标准和条例要求的院校，致使高职学校领导不重视学校体育工作，没有及时改善学校体育的短板，其中便包括课外体育活动。

2. 学校层面缺乏专门的考评体系

高职院校缺乏关于体育工作开展程度、开展水平和开展绩效的科学考评机制，在关于院系和个人的考评指标中尚未纳入体育工作成果，在院系和个人评先评优中体育相关指标脱离于考评指标体系之外。

此外，高职院校虽然每年都开展学生体质测评工作，但没有严格把关，体质测试不及格学生的学业成绩几乎不受影响，因而难以激励学生通过参与课外体育活动来改善体质。

三、改善高职课外体育活动开展现状的建议

了解高职院校课外体育活动的开展情况及相关原因后，要从实际出发提出改进建议，制定相关策略，从而促进高职课外体育活动的开展，切实提升高职大学生的体质健康水平。

（一）校领导给予重视

高职院校领导必须对课外体育活动开展的重要性与必要性有充分的了解，如此才能从思想上重视课外体育活动，才会增加经费投入，加大场地设施建设力度，并给予人力支持，为顺利开展课外体育活动提供良好条件，创造良好环境。

(二)深化体育课堂教学改革,引领课外体育活动的开展

高职体育教学是提升高职大学生身心素质的重要方式,高职院校要重视体育课程教学改革,丰富体育教学内容,创新体育教学方式,吸引学生对体育知识与技能的追求与探索,提高学生对体育锻炼的兴趣,使学生在课余时间主动参与体育活动,学习体育知识,掌握体育技能,这样能够有效活跃学校体育文化氛围,丰富学生的课余文化生活,提升学生的课外体育活动效果,有效增强体质。

体育课堂教学的深入改革对课外体育活动的开展起到了很好的引领作用,通过改革体育教学形式与模式,如设置选项课教学、俱乐部教学、通识课教学等具有创新意义的教学形式,能够激发学生的自主探索意识,提升学生对各类有益体育活动的主动参与意识。

(三)加强对课外体育活动指导团队的建设

高职院校课外体育活动开展不理想,与院校缺乏一支优秀的组织与指导团队有关,因此加强对指导团队的建设是改进高职课外体育活动开展现状的一个关键。

首先,高职院校针对现有体育教师队伍的专业能力水平进行具有针对性的培训。

其次,优化高职体育教师招聘环节的工作,根据院校体育工作的开展情况招聘在新兴体育项目方面有专业优势的体育教师,从而拓展课内外体育活动内容。

最后,将优秀的退役运动员引进高职院校,发挥他们的专业优势,对课外体育活动进行有效指导。此外,退役运动员的体育精神能够激励学生,使学生在榜样力量的推动下更加积极地参与体育运动,学习运动员的精神,提升体育素养。

(四)加强顶层监管

高职课外体育活动开展情况不佳与上级监督管理的缺失有直接的关系。上级监管不力就会导致下面的工作没有动力,所以加强顶层监管

非常重要。

为了大力监督和有效管理高职课外体育活动的开展，第一管理者和责任人应由高职院校的主要领导人担任，第一管理者和责任人由上级主管部门监督与问责。

此外，从学校层面也要加强监管。学校的教育目标体系中应含有学生体质健康的目标，将学生体质作为育人的一个重要方面，为提升学生体质水平而设置健康课程、体育课程，落实学校体育工作，搞好课外体育活动，做好对课内外体育活动的规划与整合，课外活动的开展效果直接与负责人的工作绩效挂钩，从而使院校体育部门重视课外体育活动，将其纳入学校体育工作计划中，促进课外体育活动的常态化开展，使学生的体育锻炼时间得到保障，最终使学生的体质健康得到保障。

(五)组建体育俱乐部，引导学生参与

学生对体育运动的兴趣是激发其参与课外体育活动的强大内在动力，但如果学生参与课外体育活动后，运动水平没有提升，那么其运动兴趣可能会慢慢减弱，甚至会产生排斥心理。对此，高职体育部门要重视对学生在课外体育活动中的分类指导，具体可以从学生的兴趣爱好、身心特点出发建立专项体育俱乐部，为各个专项俱乐部配备专门的指导教师，学生根据自己的兴趣爱好选择要加入的专项俱乐部，通过专业教师的指导、与具有相同兴趣爱好的同学的交流，学生的运动水平能够显著提高。

此外，举办校园体育俱乐部赛事或校外交流赛，能够扩大高职院校体育俱乐部的影响力，使更多的学生关注体育俱乐部，主动参与俱乐部活动，促进高职体育俱乐部文化建设和高职体育品牌建设。

(六)举办校园体育赛事，烘托体育文化氛围

校园体育赛事往往能够引起广大师生的大力关注，举办校园体育赛事是建设校园体育文化的重要手段。精彩的校园体育赛事能够调动起广大学生参与课外体育活动的积极性，通过参与各种形式的课外体育活动，提升身体素质和运动能力，并有机会参加校内外体育赛事，在广受关注的赛事舞台上展示自己的魅力，实现自身价值。

高职院校举办的体育赛事形式多样，如校园会、体育文化节、单项体育赛事（篮球赛、足球赛、羽毛球赛、田径赛等），等等。丰富的校园体育赛事唤起广大在校学生的参与热潮，能够有效增强班级凝聚力、校园凝聚力，培养学生的拼搏精神、团结协作精神和集体荣誉感，促进学生身心健康，并构筑精彩的精神世界。

第二节　高职体育社团与体育俱乐部建设

一、高职体育社团与体育俱乐部建设的重要意义

（一）丰富学生的课余文化生活

高职学生的课余时间比较稳定，体育社团和俱乐部能够让学生充分利用课余时间释放精力，让"体育活跃分子"在活动中有发挥的空间，能够起到丰富生活、愉悦心情、平和心态、发展个性、释放心理压力、抑制不良现象、净化校园环境的作用，从而营造出和谐美好、积极向上的校园文化氛围，促进高职院校精神文明建设。①

（二）为学生养成终身体育锻炼习惯打好基础

高职体育课堂教学的学时有限，短时间的体育教学难以达到增强学生体质的目的，也难以培养学生对体育锻炼的乐趣。高校体育社团和俱乐部恰恰弥补了这一不足，可以使学生有充足的时间参与锻炼，提高学生的运动能力及体育水平，并能培养学生的组织、协调、社交等能力，为学生适应社会并在毕业后参与体育锻炼打好基础，从而全面实现高职学

① 杭金章．试析高职体育社团作用与建设[J]．江苏科技信息，2015(16)：71-73.

校体育与社会体育的接轨。

高职体育社团与体育俱乐部灵活多样的体育活动形式为学生提供了更多的锻炼机会，满足了学生的个人爱好，使学生将体育锻炼作为自己生活的一部分，养成良好锻炼习惯，为终身体育锻炼奠定基础。

（三）促进人际交往，提高学生的社交能力

高职院校体育社团和体育俱乐部的成员比较多，同一社团和俱乐部的成员往往有共同的兴趣爱好和共同话题，这对锻炼他们的交往能力具有很好的作用。

高职院校体育社团和俱乐部经常组织体育活动，很多体育活动具有集体性和协作性，在这些活动中，学生需要不断配合、互助、沟通，共同完成任务，这能够有效培养他们的团队精神与合作能力，同时也能提升学生发现问题、解决问题的能力。

另外，在各种形式的体育社团和俱乐部活动中，学生需要遵循社团章程、俱乐部制度以及相应的运动规则，遵守规则的意识与品质是高职学生未来进入社会职业中的必备素质之一，对其长远发展具有现实意义。

（四）在竞争和协作中提高心理素质

现在社会需要人们具有良好的心态、乐观的态度，这也是人们职业发展中的必备素质。高职学生参加体育社团和俱乐部活动，对其心理素质是一个有力的锻炼。具有集体性和竞争性的体育活动需要学生在竞争中与同伴有效配合，从而赢得好成绩，学生在这个协作与竞争的过程中能够有效提高心理素质，为未来工作和适应社会打好心理基础。

（五）培养学生的组织管理能力

高职体育社团和体育俱乐部是学生进行体育锻炼和体育文化交流的平台，这类校园体育组织往往是学生自发组建的，由学生进行管理，学生发挥主导作用。学生在校园体育社团和俱乐部的管理中能够有效提升自己的组织管理能力。

在高职院校体育社团和体育俱乐部活动的开展中，体育骨干需要策划活动方案，监督和管理活动的进展，并要调动其他成员积极参与，这有效锻炼了体育骨干的管理能力，如果是组织社会性质的体育活动，还能使学生有机会接触社会实践，积累社会实践经验。①

二、高职体育社团建设策略

（一）依据高职体育教育目标建设体育社团，保证社团发展方向的正确性

高职体育教育对高职体育社团的发展具有非常大的影响，只有进行有效体育教育，才能促进学生参与体育运动的积极性的提升，使有体育兴趣爱好的学生自觉加入体育社团。鉴于体育教育对体育社团建设与发展的重要影响，高职院校必须重视体育教育改革与发展，明确体育教育目标，并依据此目标进行体育社团建设，使体育社团保持正确的发展方向。

合理的体育教育目标能够引导学生形成正确的体育观念，促使学生在体育社团中保持良好的素质与行为，促进体育社团的积极发展。

此外，高职体育教师也要充分发挥自身的引导作用，在教育目标的引领下培养学生的正确体育态度、体育意识和体育行为习惯，使学生在体育社团活动中展示良好的体育素养，从而更加坚定体育社团的正确发展方向。

（二）制定社团章程并不断健全与完善

高职院校应该以高职教育方针为指导，以高职体育制度、高职体育社团总则为依据，从体育社团的特点和实际情况出发制定一套社团章程，并在章程的运行中不断充实与完善章程内容，使社团体育工作有章可循，提升工作效率。完整的社团章程应该包括各项相关制度，在入退

---

① 蒋海波．高职体育社团在高等职业教育中的地位与作用[J]．当代体育科技，2018，8(7)：109＋111.

团、考勤、活动、财务、档案、评比等方面明确相关要求。

(三)搭建平台,增加体育社团的对外关联度

高职体育社团活动的开展离不开经费、场地设施、人力等各方面资源的支持,但学生作为活动组织者,要安排这些资源是比较困难的。对此,需要利用高职院校本身的外联能力保障社团活动的顺利开展。例如,利用高职院校的教育资源优势实行一定程度上的对外开放政策,为校园体育社团和社会企业、社区"搭桥牵线",构建沟通的桥梁,鼓励社会企业、社会体育组织和社区积极支持体育社团活动的开展,这样也增加了高职学生接触社会的机会,对促进学生的社会化发展具有重要意义。

(四)以点带面,打好基础,有序建设

有些高职院校在建设体育社团中存在"全面开花"的问题,脱离学生的实际需求和学校实际情况去组建体育社团,只求数量,忽视质量,面对各种体育社团,学生在学校的号召下盲目加入其中,实际上对社团活动的兴趣并不是很大。院校的这一做法最终影响了社团活动质量,也影响了体育社团的生命力。

对于上述问题,高职院校要及时改变错误的做法,以点带面地建设体育社团,先根据学校体育场地设施条件、学生兴趣爱好、师资水平等实际情况,有重点地组建体育社团,有序开展社团活动,加强活动管理,积累经验后,再拓展社团规模或组建新的社团,保证各个体育社团的建设质量。

三、高职体育俱乐部建设策略

(一)确定高职体育俱乐部的组织结构

适宜的组织结构是高职体育俱乐部各项工作顺利开展的前提条件,也是实现组织使命的必要保证。尽管高职体育俱乐部类型多样,没有固

定的组织模式，但是在设计俱乐部的组织结构时要借鉴先进的组织设计理念，在服从俱乐部思想的基础上，尽可能提升俱乐部调动成员积极性和主动性的能力，理性设计俱乐部的组织结构。

通常，高校体育俱乐部组织结构的设置形式主要有以下两种。

1. 自下而上

自下而上确定俱乐部的组织结构就是依据学生需求组建俱乐部。采取这一方式时，要先调查了解学生的体育需要，然后向管理部门汇报调查信息，最后确定要开展什么形式的俱乐部。这种结构体现了“以人为本”的基本办学理念，使俱乐部的形式符合学生的需要，满足学生的体育需求，进一步激发学生对体育的兴趣，使学生踊跃参与俱乐部活动，而且也能提升体育教师的指导能力。

自下而上的俱乐部结构形式如图 4-1 所示。

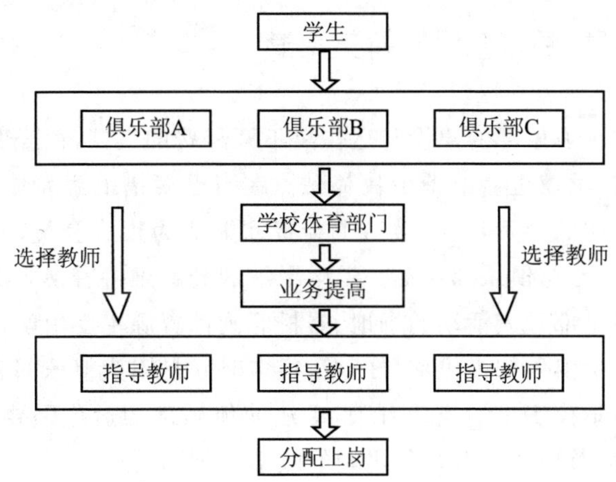

图 4-1 自下而上的俱乐部组织结构①

2. 自上而下

自上而下的结构方式（图 4-2）就是由管理部门负责确定俱乐部活动的开展形式。高职体育部门分析本校的整体情况，充分考虑学校的体育

① 朱先敢，蔡金明，周瑶．高校体育俱乐部选项教程[M]．北京：北京体育大学出版社，2017：140.

资源是否可以支持俱乐部活动的开展，在此基础上科学设计俱乐部的组织形式。

自上而下地确定体育俱乐部的结构形式，可以使体育教师在俱乐部中充分发挥自己的特长与优势，而且有利于充分整合学校体育资源。大多数高校在考虑体育资源与师资力量后采用此类方式。

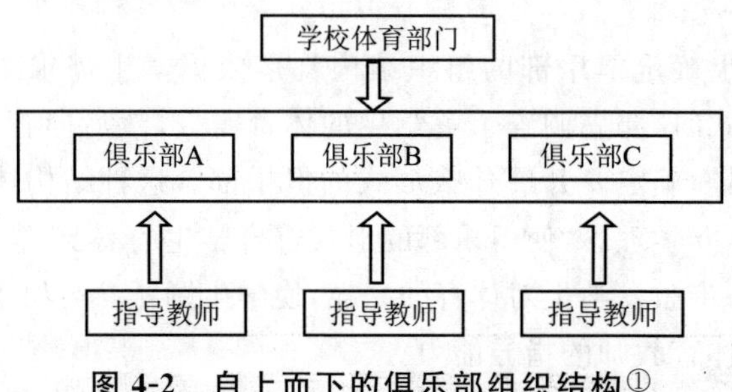

图 4-2　自上而下的俱乐部组织结构①

(二)开拓俱乐部经费筹集渠道

高职体育俱乐部的建设与运作离不开经费的支持，而经费主要来源于自己筹措，学校也会给予少数补贴。在自己筹措的经费中，一部分来源于会员缴纳的会费，只有缴纳了会费才能成为正式会员，才能享受俱乐部的服务，参与俱乐部活动。学生缴纳的会费维持着俱乐部的日常运作。体育俱乐部开展活动的场地、器材等硬件资源主要由学校提供。学校体育部门给俱乐部提供部分经费，很多时候是因为俱乐部需要代表学校参赛。但学校提供的经费有限，无法使俱乐部的运作需要得到满足。对此，要加强对现有经费筹集机制的改革与创新，拓展经费筹集方式，多渠道筹集经费，如向体育企业寻找投资，向社会体育组织寻求帮助，等等，从而在经费上保障俱乐部的正常运作和稳步发展。

(三)加强科学管理，强化俱乐部的凝聚力

高职院校体育工作指导系统为高职体育俱乐部的科学管理提供了

---

① 朱先敢，蔡金明，周瑶．高校体育俱乐部选项教程[M]．北京：北京体育大学出版社，2017：141.

强大的后盾，也使体育教师与学生对体育俱乐部章程有清晰的了解，并自觉遵守章程，进行自我监管，规范自身在俱乐部活动中的言行。体育俱乐部管理需要学校领导和教师的参与，可由主要领导人组建管理队伍，全面考核要进入俱乐部的学生，按考核成绩划分A、B、C三类班，因材施教，分别指导，从而有效提高学生的运动水平。

此外，加强对高职体育俱乐部中指导教师和管理人员的培训，提高他们的工作能力。在体育俱乐部活动开展中，将活动内容和素质教育有机融合，吸引学生广泛参与，实现素质教育目标。

（四）增强高职体育师资力量

目前，高职体育教师的专业素养难以满足体育俱乐部建设和运作的需要，这就要求体育教师自觉加强学习，积极进修专业课程，优化知识结构，提升体育教学和指导能力。

高职院校可以把体育系学生融入体育俱乐部建设中，利用体育系学生拥有专业体育知识和技能的优势来缓解俱乐部教师不足的现状，同时也能为体育系学生提供实践机会。

第三节　高职体育运动队建设

高职院校在开展体育工作中不能忽视体育运动队的建设。高职运动队建设不仅能有效促进学校体育水平的提高，还能宣传学校的整体精神风貌。高职院校运动队能够代表学校参加大学生运动会，彰显学校文化、学生的体育精神和综合素养。可见高职体育运动队建设具有重要意义。

本节主要对高职体育运动队建设现状进行分析，并提出推动运动队建设与发展的建议。

一、高职体育运动队建设现状

当前,高职院校运动队的整体建设水平相较于普通高校来说比较落后,具体表现在以下几个问题中。

第一,一些校领导不太重视体育运动队建设工作。

第二,高职体育运动队建设经费不足,训练设施不全。

第三,高职体育运动队队员的专业学习和运动训练存在冲突。

第四,高职体育运动队教练员队伍的综合素质有待提高。

第五,高职体育运动队的管理体制有待完善。

总之,高职体育运动队的建设起步较晚,学校不够重视,缺乏优秀教练员,从而很大程度上影响了运动队的建设水平和训练水平。针对这些问题,需要从实际情况出发探索有效的解决方案。

二、推动高职体育运动队建设与发展的建议

(一)依据高职办学目标进行运动队建设

高职院校主要对专业的技能型人才进行培育,包括生产、建设、管理、服务等各方面的专门人才,并将满足社会岗位需求的各类人才输送到社会各个行业,推动社会各行各业的发展,促进社会建设与发展。这是高职院校的主要育人目标,高职体育运动队的建设要以此为依据而进行,具体要做到下列几点。

第一,在立足本位的基础上进行运动队建设,突出高职办学特色,为实现高职育人目标而服务。

第二,学习高校高水平运动队建设的成功经验,借鉴经验进行运动队建设,提高建设效率和水平。

第三,树立先进的建设理念,结合高职体育现状,并学习国外先进经验而构建科学有效的运动队建设模式。

(二)做好运动队建设的基础保障工作

高职体育运动队建设与训练是一项艰巨的工程,这项工程系统而复杂,涉及办队与训练经费的筹措、运动场地设施的建设、训练人力指导的提供等多方面的基础工作,做好这些基础工作,能够为高职体育运动队的顺利建设与发展提供良好保障。

第一,针对当前高职院校办队经费来源单一的问题,应在现有经费来源结构的基础上拓展经费筹措渠道,争取社会的赞助与支持,并将有限的经费充分利用起来,发挥其最大价值。

第二,对运动队的价值加以挖掘,将其社会影响力有效利用起来,从而将社会闲散资金纳入高职院校办队与运动训练的经费运作机制中,解决经费不足的问题。

第三,重视运动场地、器材、设备等基础设施的建设,扩充设施数量,提升设施质量,并加强设施管理,按照物尽其用的原则最大限度地发挥现有设施资源的价值。

(三)项目布局上要把握整体和全局

不同高职院校在办学条件、办学规模以及办学特色等方面均存在一定的差异,因而各院校的体育运动队建设和训练也各有特色。此外,不同高职院校在运动队建设中的项目也存在差异,这与各院校办队经费、运动场地设施、生源、管理模式等有直接的关系。在高职体育运动队建设中,要尊重客观差异,从各院校实际出发来组建运动队和进行运动训练,并形成院校特色,提高院校影响力。

在运动队建设中,项目布局要贯彻"把握整体,面向全局"的科学原则,具体要求如下。

第一,将本校的办学特色、项目优势彰显出来,并兼顾全局,不能只发展优势项目而忽视弱势项目或有发展潜力的项目。

第二,既要开展与各级竞赛要求相符的项目,又要开展高职学生喜闻乐见的、掌握较好的、便于推广普及以及市场开发价值高的地方特色项目或校园特色项目。

合理的项目布局必须建立在从实际出发的基础上,包括国家实际、地方实际和学校实际，综合多方面的实际情况而合理进行项目布局，不断完善优势项目的运动队建设，形成学校特色，提升高职体育运动队的社会影响力和社会价值。

（四）提高教练员队伍的综合素养

高职体育运动队的建设水平与成果、训练水平与成绩直接受到高职院校体育教练员综合素质的影响。当前，我国一些高职院校缺乏优秀的教练员，在运动队建设与训练中担任重要角色的教练员缺乏较高的综合素养，因而对运动队建设与训练的有效开展造成了严重制约。为了推进高职体育运动队的高效建设，提高运动队训练水平和成绩，必须重视对教练员队伍的培养，提升专业队伍的综合素质。

第一，在高职体育运动队建设中吸引优秀教练员参与其中，发挥优秀教练员的专业优势，提高建设水平。参与运动队建设的教练员既要有较强的专业水平，又要有丰富的教学训练经验。

第二，加强对高职体育教练员的培训，首先从思想培训和理论培训着手，提高教练员的思想水平，完善知识结构，提升理论素养，促进教练员带队理念的优化、训练思维的创新，使教练员在先进训练理念下探索丰富创新的训练方法。

第三，重视对教练员的能力训练，通过专业培训而提升教练员的训练能力、组织管理能力、创新能力以及带队参赛能力。教练员实践能力的提升能够对高职体育运动队建设与发展起到重要的推动作用，促进教练员专业能力的发挥和自我价值的提升。

第四节　高职体育运动训练创新

创新是高职体育运动队发展的动力与源泉，是促进高职体育运动训练水平提升和对优秀高职体育后备人才进行培养的必要手段。在传统训练理念与模式的影响下，我国高职院校运动训练存在诸多问题，亟须改进与创新，只有深入改革与不断创新，才能有效解决运动训练中的现实问题，提升运动训练质量和水平，培养优秀的大学生人才，使高职体育运动训练的发展实现质的飞跃。

高职体育运动训练内容主要包括体能、技战术、心理以及智能等几个方面。本节在分析高职体育运动训练创新原则的基础上，对这几方面训练内容的创新训练进行探讨。

一、高职体育运动训练创新的原则

（一）科学创新

科学性原则是高职运动训练创新的首要原则，这一原则要求我们深刻把握高职运动训练项目的发展趋势，从实际出发进行真实可行的创新，在训练创新中不断优化运动训练的目标、计划、内容以及方法模式，确保高职体育运动训练在正确的轨道上发展创新，少走弯路，并尽可能满足运动员的真正需求。

（二）以学生为本

“以人为本”是高职院校体育运动训练的基本价值取向，也是高职体育工作开展的重要指导思想。进行体育运动训练创新是为了使高职学生有更好的发展，提升其体质水平，促进其运动技能水平和运动成绩的提升。因此，必须围绕高职学生这一中心和主体展开运动训练创新工作，从运动队成员的特点出发改进训练内容和方法，通过具有针对性的创新，使学生的身心发展需求、运动技能提升需求得到最大程度的满足，使运动训练的效果得到最大化的提升。

（三）系统规划

高职体育运动训练创新是一项大工程，涉及诸多系统而复杂的因素与环节，因此必须加强宏观把握，并处理好微观细节，将宏观和微观层面上的创新有机结合起来。

在高职体育运动训练的系统规划中，要做好整体布局，并系统分析和有机衔接各个环节，从而完善创新的过程，提升创新的效率，使相关各部分的内容都得到优化和改进，提升整体创新水平和最终的创新成果，通过创新真正推动运动训练的发展。

（四）反复实践

高职体育运动训练创新具有很强的实践性，其以提升运动队成员身心素质、运动能力为主要目标。每一次的改革与创新是否科学、有效，需要在实践中加以检验，在检验中发现问题，然后继续改进，反复实践，这样才能使创新的价值得以实现。

二、高职体育运动队"五维训练"创新

高职体育运动队"五维训练"包含体能训练、技术训练、战术训练、心理训练以及智能训练，训练计划周期被分为基础训练、专项提高、最佳竞技和竞技保持。由于高职训练时长的特殊性，必须对训练方法、手段进行改革创新，最终实现预期的训练目的。

下面对"五维训练"创新展开具体分析。

（一）体能训练创新

体能训练内容涉及力量、速度、耐力、柔韧、协调性和灵敏等身体素质，体能训练包括一般体能训练和专项体能训练，前者是后者的基础和前提，在体能训练中必须兼顾二者。

体能训练中应该注重功能性训练，强调多关节、多肌肉参与的多元化训练，注重整体效应，以增强运动员关节稳定性，有效提升各肌肉群力量，有效预防损伤。此外，还要结合项目进行完整的技术动作训练，提高运动员的专项能力。功能性训练对动作质量要求高，高质量完成训练动作能够显著增强核心力量、关节周围肌肉力量。

总之，高职运动队体能训练应强调一般与专项的结合，同时加强功能性训练。

(二)技术训练创新

运动技能的形成包含认知定向阶段(泛化阶段)、联系形成阶段(分化阶段)以及自动化熟练阶段(自动化阶段)三个阶段。在运动技术训练中,要引导学生建立正确的动作表象,学习动作的基本环节和整体节奏,重视动作的细节,使学生认识和掌握正确技术动作,使其在头脑中呈现的技术动作图像和画面更加清晰、生动。

通过表象训练可以有效提高学生的训练积极性,提高训练成绩,促进学生运动技能的巩固和技能水平的改善,为学生达到技术动作自动化阶段铺垫基石。

(三)战术训练创新

战术能力是指运动员掌握战术理念、思想以及在运用战术中表现出来的一种综合能力。战术能力的强弱表现在战术理念的贯彻、战术知识的运用和战术执行的实效性等方面。

战术训练必须以先进的战术理念及战术思想为指导,科学设计战术阵型、战术形式和战术行动。在战术训练中要以基础战术训练为核心,并根据对手制定具有针对性的战术方案。从这一点来看,战术训练创新应该以模拟训练为主,组织其他队员模拟竞争对手的战术风格、快慢节奏,让队员适应对方的打法,找出对手的漏洞,做到知己知彼,百战不殆。

(四)心理训练创新

运动心理训练的目的是培养运动员在紧张比赛中所必需的心理品质及个性心理特征,使运动员学会控制和调节自己的心理状态,保持最佳竞技状态,最终创造优异的比赛成绩。在高职体育运动训练中,不能忽视心理训练的重要性。

在运动心理训练中,可采用激励、诱导、命令、表扬、惩罚及奖励的训练方法来改变训练环境和条件,全面分析可能取胜的因素,运用训练方法手段的有效刺激、利用内外动机充分激发运动员训练及比赛的积极性。此外，运用情景模拟训练法、比赛动机训练法和心理适应法来加强心理训练，有效提升运动员的心理素质，使其在比赛中以稳定的心理状态正常发挥，取得优异比赛成绩。

（五）智能训练创新

运动智能是指运动员以一般智能为基础，运用多学科知识、技能，结合专项智能参加运动训练及比赛的能力。智能训练方法的创新应以经验借鉴为核心，教练员应将视频教学法、模拟训练法结合起来，给运动员传授在特定环境下合理使用技能、战术的方法，再反复练习以形成技能、战术的自动化。①

此外，智能包含观察力、记忆力、想象力和适应能力，因此运用视频教学法结合模拟训练法可以使运动员从感官接受知识达到掌握技能自动化的训练效果。

第五节　高职学生拓展训练的组织

社会对各行各业从业者的素质提出了越来越高的要求，因而在人才素质高低的衡量标准中，职业素养这一标准受到广泛重视。职业素养内容广泛，可以简单概括为道德、技能、作风、意识，对各行业人员职业素养的培养要从这几方面着手。在职业导向下开展高职体育工作，要特别重视对高职学生职业素养的培养，从而为学生将来就业和适应社会环境打好基础。拓展训练作为一种新的体育训练方式，在培养学生职业素养方面具有重要意义。

在高职拓展训练中，将素质教育的因素渗透其中，并要结合社会要求进行拓展训练的组织工作，使高职拓展训练更具有针对性、实效性，切实通过拓展训练而提升学生的职业素养、综合素养，促进高职学生专业发展与全面发展的结合。

---

① 赵钧．高校体育训练创新的重要性及策略研究[J]．田径，2021(5)：5-6.

从培养高职学生职业素养的目标出发，需要组织各种类型的拓展训练活动，下面进行具体分析。

一、组织具有挑战性的拓展训练项目，培养学生的职业自信心

在高职学生职业素养的构成中，自信心是基本要素之一，它反映的是学生的一种心理状态，是其对自身能力的自我信任与肯定。个体的行为表现将直接受到自信心的影响。很多高职学生毕业参加工作后，因为工作经验少，所以工作初期常常表现得不自在，工作中经常否定自己，没有自信，精神面貌较差。对此，高职院校可通过设计具有挑战性的拓展训练项目来培养学生的职业自信。

有很多拓展训练项目可以提升学生的自信心，体育教师要对此认真研究，合理筛选，有效组织。以平梯桥训练项目为例，由若干个木块、两条铁链组成的平梯桥横跨河面，学生紧抓两边的铁链走过一个个木块，最终从河的一边到达对岸。这项具有很大挑战性的拓展项目能够帮助学生增加勇气和增长自信。在学生进行拓展练习时，体育教师要给予鼓励，使学生克服内心恐惧，鼓起勇气迎接挑战，相信自己一定能成功跨过木桥。当学生成功完成练习后，满足感油然而生，将变得更有勇气和自信心，将来能够以良好的状态克服工作上的困难。

体育教师对挑战类拓展训练项目进行设计，使学生专门向自己不相信的事发起挑战，培养学生的自信，使其从内心深处鼓励自己克服心理障碍，打破畏首畏尾的表现，勇敢向前迈步。学生自信心增强，将来能够以良好的自信心驾驭工作。

二、组织具有纪律性的拓展训练项目，培养学生遵守职业规则的意识

职业素养中也包括遵守职业规则的意识和行为。一些高职学生在校期间没有养成遵守规则和规章制度的好习惯，因此从事工作后不能适应工作环境，对从业单位的员工规则比较排斥，而且行为懒散，常

常违背岗位规则，我行我素，最终导致其得不到领导和社会的认可。对此，在高职拓展训练中要加强对学生纪律意识和习惯的培养，设计一些纪律性强的拓展训练项目，为学生体验纪律的重要性提供良好的锻炼机会。

例如，组织“生死电网”拓展训练项目，穿越用绳索织成的“电网”是摆在学生面前的艰巨任务，学生在穿越过程中严禁身体任何部位触碰“电网”，而且必须在规定时间内完成穿越，否则就是挑战失败。在整个过程中，学生必须严格遵守规则，按项目要求小心穿越，以免碰到“电网”。如果学生违背规则，身体触碰电网，则视为犯规，应给予惩罚。

体育教师组织具有纪律性的拓展训练项目时，必须向学生明确提出项目规则与要求，教育学生自觉遵守规则，违背规则将会面临被淘汰的后果，这对培养学生遵守职业规则的意识和按规则办事的职业行为习惯具有重要的启示意义。

三、组织具有持久性的拓展训练项目，培养学生的职业意志力

意志力也是职业素养的一个重要组成部分，高职生将来要走向各种应用型和技能型岗位，在复杂的职业环境下，他们的职业意志力决定了能否快速适应环境和有所作为。

高职学校设计一些持久性的拓展训练项目能够有效培养学生的意志力。例如，组织野外徒步穿越活动，让学生穿越峡谷、丛林或者山岭等。学生要在规定时间内从起点徒步走到终点，教师监督和鼓励学生坚持到底完成任务，引导他们在徒步过程中调整自己的体能状态和徒步穿越节奏，控制好速度，战胜路途的艰辛。徒步穿越对学生的耐力和意志力是极大的考验，通过训练，渗透职业意志力内容，让学生拥有坚强的意志力，将来战胜职业中的挫折，不断取得突破与成功。①

① 吴云．围绕学生职业素养培养组织高职学校体育拓展训练的探究[J]．体育世界(学术版)，2015(1)：116-118.

四、组织具有刺激性的拓展训练项目，培养学生的职业心理素质

在职业素养体系中，心理素质是重要组成部分之一，高职院校必须重视对学生职业心理素质的培养，通过设计一些刺激性的拓展训练项目来提升学生的心理素质水平。

例如，设计高空独木桥项目，让学生在佩戴安全装备的前提下独立通过一定高度的独木桥。这一项目会使学生身心承受一定的刺激，能够使学生克服内心恐惧，对外部环境表现出高度的适应性，并不断调控自己的情绪和行为，勇敢完成挑战。

在刺激性拓展训练项目的实施过程中，体育教师要伺机将积极面对未来职业压力和困难的意识灌输给学生，增强学生的心理素质，使学生做好应对未来职业的心理准备。

五、组织具有协作性的拓展训练项目，培养学生的职业合作能力

高职学生将来走上工作岗位后，面对一些比较困难的工作任务，往往需要与同事合作完成，因此要求学生要有良好的合作能力和团队协作精神。对此，在高职拓展训练中设计具有协作性的拓展训练项目很有必要。

例如，设计"信任导盲"拓展项目，划分练习小组，每组各一名学生担任导盲者（小组领导者）角色，其他成员蒙眼，导盲者要带领自己小组的成员成功从独木桥上通过。在练习中，导盲者发布指令，其他人员接受指令前进，这充分体现了团队成员之间的相互信任和合作，如果相互缺乏信任，是不可能完成任务的。

设计协作性拓展训练项目，能够有效培养高职学生的团结协作意识和集体主义观念，增进学生之间的信任感，锻炼学生的合作能力，使学生深刻体验合作共赢的道理。

第五章 高职体育管理及其创新

本章将从高职体育活动管理、高职体育场馆管理、高职体育经费管理、高职学生健康管理以及高职体育管理模式创新五个方面展开论述，希望对促进我国高职体育教学管理起到积极作用。

第一节 高职体育活动管理

高职体育教学是培养学生身体素质和意志品质的重要手段。高职学生的课程压力较大，不仅需要全身心地投入理论专业课的学习，还要抓紧一切实习的机会，在实践中检验自己的学习成果。因此，高职体育教学承担着加强学生身体素质、丰富业余生活的重任。对于高职学生而言，他们已经接近成年，经过多年体育教育的培育，已经具有独自开展体育活动的能力。但是，作为高职院校，依然有义务、有责任努力为学生营造良好的运动氛围，加强体育训练，为其早日养成终身运动的意识和习惯做好准备。

一、高职体育活动管理现状

（一）体育竞赛的管理

体育竞赛是高职院校最为常见的体育活动形式。以体育竞赛的形式组织体育课外活动，对学生和教师都是阶段性的体育大事件。为了顺利、成功地举办体育竞赛，需要学校、老师以及学生提前很长时间进行专门的准备。比如，一般情况下，规模不算大的体育竞赛会在校内举行，而如果规模较大，那么还需要提前预约相应的体育馆，并根据体育馆的情况做出相应的项目准备和调整。总之，要结合场地的实际情况，组织多样化的竞赛活动，比如，小场地的篮球比赛和足球比赛、羽毛球比赛、乒乓球比赛、跳绳、拔河、跳高比赛、短跑、长跑接力等。体育竞赛中教师负责活动的组织和引导，并对学生进行运动指导、选拔和监督。同时，体育教师还要承担竞赛的裁判角色，并培养一些教师和学生共同参与组织竞赛活动。

高职的体育活动对于促进学生进行体育运动具有极大的推动作用。首先，体育竞赛为学生提供了展示的平台，让学生的体育技能得到广泛的认可，从而可以促进学生自信心的养成。其次，通过体育竞赛的形式，为学生创造更多的运动训练机会以及有目标的训练，还可以培养学生设定目标、追求目标的积极参与的态度。通过体育训练，让学生有机会完整地体验参与竞争活动的过程，锻炼学生的竞争意识，以及为了达成目标，不断克服困难的拼搏精神和探索精神。

另外，激烈的竞争更加符合学生的年龄特性，可以激发他们的好胜心。而且，通过竞赛还可以锻炼学生的组织能力和学生的裁判能力。因此，高职在组织管理体育竞赛活动时，应更多地从学生的角度出发，竞赛不是目的，培养学生的能力才是目的。应该尽量地动员更多的学生参与进来，只有亲身参与体育竞赛，才能直观地感知竞赛的魅力，才能多元地激发学生的参与能力和运动能力。

（二）课外辅导组织管理

我国高职院校的体育教学目标，是以发展学生身体素质为核心，培养学生的体育运动技能和体育健康知识，并且逐渐养成终身体育的意识和能力。因此，在这一体育教学目标的指导下，需组织各种形式的课外体育活动。课外体育活动作为体育课的延伸和补充，最基本的形式就是辅导型管理模式。高职的体育活动辅导管理模式，对任课老师具有较高的要求，他们要能够全面地了解学生的体育运动能力和兴趣特点，根据这些信息，引导和组织学生积极开展课外体育活动，活动的主要内容就是体育课的学习内容。老师对每个学生的身体素质和体育基础有一定的了解，能够更好地发挥体育活动的作用。但是与此同时还要意识到，辅导型管理模式也存在一定的局限，它的设定需要根据教师的时间、能力以及学校场地的限制等，比如，教师资源是有限的，教师的时间也是有限的，教师的能力也是有限的，只能在这些限定条件下进行辅导。而学校的课外活动也受限于学校的场地条件，不可能容纳所有学生同时开展不同的项目。总之，在某种程度上，高职体育课外活动的辅导具有一定的局限性。

（三）发展体能活动管理

就我国的体育教学而言，对发展体能的重视从未改变。而且，随着终身运动和全民健身的提出，学校对体育教学投入了更多的精力和财力，其中有很大一部分直接转化为对体能的培养，而且，在众多的体育教学中，发展体能是最直观和见效最快的一种。一直以来，高职院校针对一些体育基础和身体素质较差的学生，精心安排了一定形式的、以提高学生身体素质为目的的体育活动，比如周末的体能训练课，或者是定期的、规律的耐力训练和力量训练等。

一般而言，发展体能型管理模式的组织时间和组织地点都是固定的。有固定的教师进行活动的组织和指导，并对学生的表现进行跟踪和评价，给出具体的发展建议。通过发展体能活动的组织可以帮助一些平时不爱运动或者很少运动的体育基础较差的学生提高身体素质和体育运动技能。但是发展体能活动一般都较为枯燥和辛苦，因此带有一定的强制性以及应试性，如果没有外力的维持，学生很难自觉坚持。因此，发展体能活动的管理模式，尤其需要鼓励和奖励学生的努力和付出，及时给出积极反馈，让学生看到自己努力的成果和收获，从而慢慢地养成自觉进行训练，能够靠自己克服训练的难度。

（四）自选活动组织管理

自选活动组织管理模式，相对来说比较松散，主要是由学生自主选择活动时间、活动形式以及活动频率，也就是说，对自选活动的组织管理相对没有那么强的控制力，教师和学校的管理主要体现在提供资源和一定的支持，更多地是配合学生的自身需要而开展。

学校主要是提供安全良好的运动场地、运动设施以及运动环境。体育教师则以值班的形式，接替负责值班体育教师对学生进行学习指导和安全监督。另外，学校可以对学生提出一定的锻炼次数的要求，提出量的要求，并由值班老师对学生课外活动的考勤进行记录，以此作为学生课外体育锻炼的重要依据。

也有部分高职院校将课外体育活动作为附加分的形式计入学生的年度总成绩。学期和学年结束后，通过专业成绩、实践表现以及参与课外活动的广度和深度作为参考，共同进入对学生能力和成绩的评价体系。

这种形式给了学生更大的自由度，可以结合学生自身的兴趣爱好，以及可支配时间，自主进行体育活动的开展。自选型体育管理模式，充分地尊重学生的自主性，以及个体差异，这非常有助于培养学生的自主锻炼意识和能力。高职院校在对自主体育活动管理的过程中，更多地是从校园文化、体育精神等软性资源进行管理，营造出有利于学生积极开展体育活动的氛围。

（五）高职院校体育俱乐部的管理

有一些高职学校根据学生的需求和学校的师资情况，比如教师的专业资质以及在运动场地等客观条件允许的情况下，开展一些体育俱乐部模式的课外活动。实际上，体育俱乐部的形式深受学生们的欢迎，因为无论是其形式还是内容，都明显地减弱了学校里严肃的教学活动的压力感。可以让学生在相对无压力的条件下开展体育训练和体育活动。体育俱乐部是一种较为理想的、实现体育学习锻炼课内外一体化的组织管理模式。有助于培养学生的体育兴趣，更有利于发展学生的体育特长，提高学生自主开展体育锻炼的能力。体育俱乐部的管理模式为了满足学生的体育学习要求，对体育教师的专业技术要求相对较高，而且体育俱乐部需要的设施较先进，那么意味着所需的经费也非常高，这对很多学校是一个较高的门槛。

二、高职体育活动管理的改革建议

(一)创建复杂的管理系统

课外体育活动是高职体育的重要内容之一,是体育课堂的延伸。尽管是体育教学的一部分,但是和普通体育教学不同的是,对课外体育活动的管理更加复杂,会涉及更广的范围,更多的因素。因此,高职体育活动的管理其实是建立一个复杂的系统工作的过程。

课外活动由学校体育教师和体育教学相关部分承担主要的管理工作,但同时也需要学生会、团委、学生处、各院系的共同协助和相互配合。全方面地为学生创造适合开展课外体育活动的环境,在搞好场地和基础设施之外,体育学校要设计相关的管理制度,激活学校的课外活动的功能。鼓励学生积极参与各项体育活动,这是管理的目标和重点。

(二)为规范化和长期化做准备

要保证高职课外体育活动组织管理的规范化、系统化和长期化发展,必须完善相关的管理制度和办法。同时,还需要设立相应的监督部门,和体育部门一起配合,将学校的课外体育活动办成学校体育教学的重要部分。因为,课外活动的成功、稳定地举行,需要多方面的资源和力量支持。因此,高职院校应该动员自身的所有资源和能量,充分发挥协同作用,让每一个职能部门都充分施展各自的特长和优势,为学校课外体育活动的管理工作做出贡献。同时,需要学校对所有参与管理的部门和教师,明确相应的责任和权力,而且工作要做细,明确具体的人员、完成的时间和最终达到怎样的效果等,对做出突出贡献的团队和个人应给出奖励。真正做到把高职的课外体育活动做成一件可持续发展的教学工作,能够长期地为学生发展体育活动做出有力的支持。

(三)以学校的自身特色为前提进行管理

高职课外体育活动的组织管理,需要从自身实际出发,从发展自身特色出发，有目标、有针对性地开展建设。各个高职院校由于专业教学分工不同，那么学生对体育训练的需求也不尽相同。因此，在组织课外体育活动的过程中，高职院校要结合自身的实际情况，有选择、有目标、有针对性地进行发展。使课外体育活动与学校的教学活动产生内在联系，并起到相辅相成的作用。这首先需要校领导的高度前瞻意识，学校体育部门的充分动员和组织，同时还要充分引导学生的自我管理意识，总之，让每个部门和个体都发挥作用，共同建设、共同发展，最终为实现学生的体育锻炼摸索出科学高效的管理方法。

（四）借助互联网平台的管理优势

各个高职院校还应该有意识地结合时代发展的特点，利用有效的科技手段进行课外体育活动的管理。学校可以借助网络平台，对体育锻炼和活动组织的相关信息进行分享和交流。例如有关体育和健康的基本理论知识、科学的体育锻炼方法、体育锻炼中运动损伤的预防方法和处理方法、裁判知识等体育信息的传播和互动。通过创造一个良好的运动环境，让学生的体育活动唾手可得，降低运动的门槛，扫清运动的障碍，在这样的环境条件下，学生可以实现科学健身、自主运动的良好习惯，以及早日养成健康的生活方式。

第二节　高职体育场馆管理

一、高职体育场馆管理现状

（一）由体育主管部门管理

一直以来，最常见的就是由学校的体育部门承担主要的场馆管理工作。如果是一些简易的场馆设备设施管理，以及配合教学和训练的运用、体育活动的安排等，体育部门是可以发挥一定的职能作用的，毕竟他们是直接面对体育活动和体育教学的第一线人员，对学生的使用情况也最为了解。然而，除此之外，大型场馆的管理要复杂得多。作为教学部门和教学人员，应该把主要精力用于完成教学目标，确保体育教学的质量，才是对学生具有最大的帮助。而场馆管理会占用他们的精力和时间，不仅耽误了教学，也不能全身心地投入到场馆的运营工作中，因此难免顾此失彼，未能很好地实现管理职能。

（二）成立专门部门管理

有些高职院校通过成立专门的场馆管理小组实现管理工作。这样的优点是能够实现体育教学与场馆管理的分离，管理者可以专心于场馆管理和服务，教学者则可以潜心教学科研，有利于提升场馆服务品质，提高场馆的运行效率。但是对于有经费的院校而言，专门聘请人员管理场馆，也是一笔重要的开支，如果场馆对学校教学没有发挥足够的作用，那么很难为继。场馆的管理部门也处于半饱和工作状态下，其收入和工作直接挂钩，那也就意味着收入也并不能令人满意，长此以往，对场馆的运营和管理也会带来消极影响。

（三）委托第三方专业机构管理

对于具有一定规模和一定实力的院校可以采用委托第三方的管理方式，即借助第三方专业机构的优势，实现对场馆的专业化管理，这在场馆运营方面、物业管理方面都具有一定的优势。一方面既能尊重体育发展规律，另一方面也能符合市场发展要求。这种管理模式可实现场馆的价值最大化，但有时也会对校内的使用带来一些不便。

二、高职体育场馆管理存在的问题

（一）缺乏专业性管理

我国大多数院校存在重建设、轻管理的现象，高职院校也不例外。

体育场馆作为学校的品牌工程，从设计到建造，均投入了大量的人力、物力以及资金等资源。一个现代化的体育场馆，一般需要历时多年才能建设完成，再经过内部的安全设施、运动设施以及运营管理系统的完善，最终才能投入使用。然而，现在普遍存在的问题是，学校对场馆的重视大多都在建设阶段，建成后似乎主要工作就完成了，日常运行仅仅是顺其自然和按部就班，缺乏科学的管理模式与专业的团队支撑。这其实是我们的教育意识不够深入的必然结果，很多工作都停留在表面，只停留在“门面”的建设。实际上，场馆建设只是第一步，而更重要的管理和运营工作才是重点。

总之，我国各个院校对体育场馆的管理还处于初级水平。很多场馆的功能还没有被真正地开发，更谈不上有效利用，不少高职的场馆管理人员由体育教师兼任，而体育教师并不具备资产管理的能力，他们的专业是教授学生体育知识和技能。由此可见，有些学校的领导甚至分不清体育专业能力不等于资产运营能力。导致学校的体育场馆，虽然花费巨资筹建，最终却仅仅发挥了简单的运动场所的功能，这是对国家资产的严重浪费，因此必须重视起来。

（二）单一粗放式管理

为满足高职院校的教学需要，高职体育场馆多由国家和地方政府拨款投资建设，具有很强的公益性质。可惜的是，很多场馆没能发挥应有的价值，这主要是由于管理形式单一、粗放等原因造成的。有不少高职对场馆管理的模式十分落后，基本上就是被动的、单一的管理方法。似乎场馆管理仅仅是对一个供学生运动时使用的场所进行的管理，也就是说只对安全情况、卫生情况负责，而完全没有意识到场馆的市场经济价值，也没有想到师生的更深层次的需要，以及社会的灵活需要。

因此，在未来的高职院校管理中，要尽可能地挖掘场馆的多维度、多层次的价值。除了教学训练以外，还应该开发市场化潜力，通过激发场馆的潜在价值，激发场馆、学校和教师的更多活力、更大的能量，从而为学生的体育活动提供更多的可能性，也丰富体育活动的更多体验。

（三）运行成本负担重

高职体育场馆承担着教学训练、集会竞赛以及大型集会活动等功能，与现代场馆配套的还有各种先进的场馆设施，包括硬件、软件等设施。这些在给教学提供便利、给师生带来良好体验的同时，背后是大量的资金支出，学校承担着巨大的运行成本。

除了建设成本以外，在日常消耗、日常维护、人员成本方面都是一笔巨大的开支。日常支出包括水电、人力、设备设施、检测维保、一些消耗品的随时补充等。而且，场馆在频繁的使用中，会不停地增加设备、更新系统，因此维持成本也逐年升高。

三、高职体育场馆管理创新与实践

（一）强化绩效管理导向

高职体育场馆运行首先必须制定明确的目标方向，然后才是制定管理制度，这样才能有效控制管理，挖掘场馆的潜能。建立健全场馆绩效管理机制，应从场馆的年度运行成绩、收支和学生评价几个方面着手。高职体育场馆的绩效一般可分为三类，即学校效益、社会效益和经济效益，其中学校效益是指体育场馆通过承接学校体育教学训练、重大竞赛集会以及各部门、师生锻炼等活动，推动学校的教学发展、文化交流以及提高师生体质；社会效益是指在面向社会开放的过程中获得的经济效益和文化效益。必然为周边社区、合作单位提供场地服务和健康服务，从而提升学校的声誉和影响力；经济效益是指体育场馆的经济支出和收入的计算。在运行过程中实行全成本核算，通过合理控制场馆运行成本，适当有偿开放，可以在一定程度上补偿场馆运行费用，减轻学校财政负担。

总之，高职院校可根据实际情况，在每年年初制定绩效目标，同时配合动态调整场馆管理策略，从而实现场馆运行在最佳状态。

(二)打造专业的管理团队

高职体育场馆运营的基础在于人才,优秀的管理组织能够为全校师生和社会各界提供优质服务。在人才不能外求的时候,就要自行培养。打造一支专业化的场馆管理的团队,是很多高职院校的必经之路。高职院校可根据实际情况,通过组建专业管理机构,综合考虑人员结构的全面性和完整性,给予政策、人力以及资源方面的支持,从而提高场馆管理的水平和质量。在培养团队的时候,应按工作内容划分,主要有学校管理层面和物业服务层面。管理层面负责相应的资源分配、人员协调与审批以及场馆宣传、文化建设等工作。物业层面主要负责场馆的保洁、工程和保安等。

在场馆运行过程中,学校应该积极开展岗位专业性指导,定期组织相关岗位的业务培训和学习,提升专业技能。同时也加强与其他团队的交流学习,利用交流活动学习和借鉴更先进的管理方式,营造互相促进、互相学习的协作氛围,创造公开、透明、平等的团队文化。

(三)注重场馆的服务属性

高职体育场馆管理工作的本质是服务,即通过对场馆硬件、软件的科学管理,为学校师生以及社会提供优质服务。场馆各项工作应围绕"创建一流场馆设施,提供一流场馆服务"的目标,为各类群体提供多种形式的场馆服务,旨在提升人民群众的健康体质以及生活品质,并在此过程中融合、传递、宣扬学校及场馆文化特色,推广场馆品牌。

优质的服务离不开高标准的规范,因此,建立健全机制体系,出台切实可行的管理运行制度,并且建立标准化服务质量体系,从安全服务、卫生服务、设备设施运行等方面制定全面的标准化工作流程。

另外,在智能服务时代,学校要充分利用移动互联网、物联网技术,建设智慧场馆平台,实现场馆信息及使用状态实时查看、场地在线预约、在线支付等功能,提高场馆使用效率,通过整合智能硬件,搜集运动数据,为师生大健康服务提供数据支撑。

(四)注重场馆的多功能化

为了制定完善的高职体育馆管理模式,首要任务就是要在高职院校有限的场馆中挖掘并开发更加丰富的场馆功能,同时还要充分重视体育场馆建设和场馆设施的数量和质量。由于国内高职院校较多,分布于城镇的不同地区。因此,高职院校天然地与社区之间存在很强的互动关系。在这一客观条件下,学校应着眼于当下的实际社会状况,每所学校对于体育场馆的建设都应该根据自己的情况和发展目标制定适合自己发展的计划,无论是长期计划还是短期计划。同时,还要有意识地发挥社区内的体育功能,为社会发展做出更大的贡献。

(五)协调课外锻炼与对外开放

高职院校在体育场馆对外开放的规划和运营中,应结合区域优势、地理环境特征以及自身人力资源的情况,合理评价和规划体育场馆资源。在高职场馆能够满足自身的教学需求之后,应该合理扩大有偿服务的范围,拓展其在社区和城市中的社会服务功能,扩大对外开放的范围。这就对体育场馆的管理提出更高的要求。为了适应这一需要,必须提高管理水平,在场地安排方面,管理人员应采取更明确的措施处理场地安排中的冲突,如设立公告栏和发布具体的场地使用安排通知。但不可否认的是,高职体育场馆对外开放仍处于不成熟状态,最直观地体现在部分时间段内高职体育场馆并没有得到充分、有效的利用,例如在冬季和夏季学生的假期时间,部分高职院校体育馆常常处于闲置状态,这是对场馆资源的某种浪费,也是对周围社区想要进行锻炼的人们的一种无视和漠然。要解决这一问题,首先需要从意识上提高认识,其次还要通过宣传的方式,提高学校场馆的利用价值和社会价值,让更多的资源共享,也为学校带来一定的市场回报。

因此,高职相关领导需要不断学习和借鉴已取得成功的高职在对外开放场馆的经营手段,改革原有管理模式,引入多种投资渠道,减轻高职场馆的财务压力,提高场馆质量和满意度。

(六)建立完善的场地管理系统

人们常说“没有规矩不成方圆”。高职体育场馆的各项规章制度是保证高职体育工作正常运行的前提和重要准则，特别是在高职体育馆对外开放的条件下，各项制度更是处理人们使用过程中各种问题的依据。但是部分高职并不具备一套完善的场地管理系统，例如部分高职并不能将校方使用的时间和社会使用的时间进行很好的划分，导致学生和社会人群使用体育馆产生冲突，引起双方的不满，得不偿失，并为日后的发展带来不良影响；另外还涉及经费问题。对社会开放之后，由于场地设施使用频率增加，那么老旧耗损就会增加，就会为学校带来更多的支出，如果开放带来的经济效益不能很好地覆盖这部分费用，也会影响院校的进一步开放，从而走回头路，这也是场馆管理要克服的问题之一。

第三节　高职体育经费管理

一、高职体育经费管理的现状

(一)缺乏科学的管理

由于高职院校体育经费缺乏科学管理，已影响学校体育的深化改革，本来体育经费就十分紧张，而有限的经费却未能发挥应有的作用，产生良好的效果，那么对体育教学和未来的经费审批都会带来消极反应。

当前，体育经费管理工作较简单，缺乏合理的制度保障。经常出现责任不清、浪费严重的问题，导致体育经费的使用效益不高。存在计划不周、核算不准、措施不力等问题。

(二)经费管理被动守旧

在体育经费的使用管理上较为被动和守旧,只停留在经费不超支,开支符合规定的层面。这是一种落后和懒政的表现,体现出的是校领导的不作为、不尽职的工作态度。体育经费本身来之不易,学校有责任、有义务进行科学的计划和安排,按照一定的合理比例关系,安排好,使用好,讲求经济效益,使体育经费的使用管理发挥出最大的教育效益,很显然,很多院校在这一点上做得是非常不够的。在学校体育工作中,用钱的地方很多,比如教学活动、群体活动、竞赛活动、业余训练、体育科研、器材维修、行政办公,必须系统地安排和协调,才能照顾到各个方面的需求。因此,学校应该极力改变目前这种对体育经费采取的被动管理方式。

(三)以发展趋势布局经费

在当前社会主义商品经济和市场调节的经济条件下,要求提供的信息越来越多,越来越快,在体育经费的使用过程中,缺乏经济头脑,反应迟钝,表现不能积极地通过对有关体育商品信息的收集、贮存,及时地进行查询、统计、计算、分析和选择。这样必然会降低体育经费的使用效益,比如,在购买体育器材、备品时,由于信息不灵,分析研究商品信息不深,不了解国内体育厂家的分布和实力,不能充分利用体育厂家的竞争机制,选择最佳体育备品,在采购中只图省力、省事,结果买来的体育器材、备品质次价高,体育经费的使用,在采购环节就未能充分发挥出它的经济效益,这种管理经费的办法,经费越多,那么损失也就越大。

二、高职体育经费管理的任务

目前我国因为严格防疫,使整个社会经济发展受到影响,物价上涨,通货膨胀,已成为明显趋势。在这样的背景下,高职院校应该把紧各项预算的出口,明确体育经费的管理任务,把有限的钱用在最重要的地方。在这种形势下,每个高职院校都应该站在这种立场上来指挥自己的行动,要管好、用好体育经费,就要明确高职体育经费管理的任务。

(一)讲求经济核算和经济效益

体育经费的使用,要加强经济核算,讲求经济效益;积极组织体育科技服务创收,增加收入,勤俭节约,加强经济核算,讲求经济效益。因此,我们对体育经费的使用管理,要做好事前预测和事后分析,防止不合理开支,反对铺张浪费,发现经费管理中的问题,要及时解决,精打细算,就是要勤俭办体育。所谓精打细算,就是将有限的经费用在最需要的地方。同时也注意不要过度节约,该花的钱一个不少花,不该花的一个不多花。关键是体育经费用得合理,把钱用在刀刃上,钱花出去了,得到很好的效果,也符合少花钱,多办事,把事情办好的原则。

(二)加强体育设施的维护

学校的体育教学拥有很多的体育设施和用品,这些都是开展体育工作的物质基础,也是搞好学校体育工作的物质条件,要加强对体育设施和备品的维修和保管,延长使用年限,提高使用效率。很多设施设备的使用寿命,很大程度上依赖于使用者的爱护程度,如果平时使用时恶意损坏,或者不顾设施的使用规范而滥用,那么很容易造成破坏和浪费。因此,学校应及时普及体育设施、器材、备品的保护方法,并安排专门人员进行监督和抽查。要了解体育设施、器材、备品的增减变动,通过定期检查,做到体育设施、器材、备品的家底清楚、账物相符,建立体育设施、器材、备品的管理和使用上的责任制。要加强对师生的主人翁态度的教育,让每个人都承担起保护设施的责任。

(三)尝试对体育经费的创收

对经费的管理,不仅仅体现在花费和监督方面,还体现在合理创收方面。应严格维护党政纪律,有效管理体育经费和创收经费,严格遵守财经纪律。尤其是体育部门主管经费开支、创收资金的领导,在经费、资金管理中做到心中有数的基础上,开拓一些创收的方法。比如向社区开放,增加一些面向社会的专项课程等。

三、高职体育经费管理的策略

(一)科学制定经费的使用计划

对体育经费的使用,要从做计划开始。合理地选择经费的使用方向是科学使用经费的第一步。首先,需要正确地制定体育经费的使用计划,选择哪些是花费的重点,哪些是避免产生费用的地方,从学年的开始就做出明确的规定。在计划实施的过程中,要保证计划指标的实现,必须加强控制。体育经费的控制,包括对体育经费计划的审查和调整,做到前馈控制,要对资金的投入数量进行控制,做到事中控制。最后,要做好经验和教训的总结,发现不利因素,迅速寻找原因,采取措施,予以纠正,实行反馈控制。

(二)加强对经费使用的核查

在经费的使用过程中,对体育经费支出的检查,主要看经费使用的合理性、合法性和效益性是否恰当,有没有浪费现象,有没有该花的钱但没有花。特别对于经常支出的项目,如体育器材、备品的购置,各种补助费报表,要坚持财务检查。成立专门的财务监督小组,设财务员,来加强这方面的工作,对于管好体育经费,严肃财经纪律,起到良好作用。

(三)建立有效的制约制度

我们在实践中感到,只靠少数人理财管物是搞不好的,必须建立相应的制约制度加以保证。程序制约是用制度的形式明确规定体育器材、备品的采购运输、验收制单、款项结算等一系列具体事项的处理手续,操作程序以及手续在各个环节办理时的滞留时间,每项体育经费开支,都必须通过两个以上的人和部门,如采购进来的体育器材、备品,需经保管员清点认可,购物单据报主管领导审查签字,然后拿到财会部门按位划账。再如运动队申报补助时，先由教练员交上运动员出勤登记表，经主管主任核对批准，由课外组负责人报财务部门，领取补助费后直接面向学生发放，实行财务公开。可见，程序制约通过会计凭证规定的处理程序和合理的传递路线，一方面把各种票据整个记录系统连续起来，使其能够完整、及时、准确地反映体育经费的活动情况，另一方面把各职能部门串联在一起，形成了一个有机的整体。

我们在建立健全制约制度的同时，一方面加强教职工的思想教育，增强遵纪守法观念，提高教职工执行制度的自觉性，做到有令则行，有禁则止，另一方面结合奖罚来推动这一制度的实施，坚持不懈地检查制度执行情况，不断地总结经验教训，逐步完善各项财务制度，杜绝虎头蛇尾，流于形式；要积极主动加强同学校财务部门的联系，取得他们的指导和帮助，学会理财用财，提高使用体育经费的科学管理水平。

(四)优化管理层的组合

高职体育经费的使用体现为复杂多变，因此，对年度经费的管理工作提出了更高的要求。首先要从优化管理层的组合开始，管理小组应该包含财务人员、体育教师、采购等不同的角色。必须掌握财经知识，对商品信息十分敏感，善于交际与联络，富有计划、组织经费运转的经验。总之，要力求将知识、经验、能力三者相结合，成为优化经费管理成员组合的先决条件，以期提高管理成效。另外，要与主管体育的校领导确立上下管理层的关系，遇到难题及时汇报，以求圆满解决。

第四节　高职学生健康管理

高职院校作为高等教育的重要组成部分，一直都非常重视高职学生的体质健康状况。在遵循国家健康政策法规的前提下，高职院校应构建学生体质健康管理机制，按照国家的要求配足体育教师，建设体育场地设施，满足学生的体育锻炼需求。协同家长和社会，共同营造出适合学生开展运动的良好氛围和环境，改进高职学生体质健康状况。

一、高职学生健康管理的意义

(一)高职学生健康管理的必要性

身体健康是个人幸福生活的基础,是国家强盛的重要标志,是建设现代化强国的必然要求。我们国家在奔向现代化强国的过程中,必须重视对人民身体健康的发展。其中,教育是非常重要的环节,高职学生作为未来专业技术人才,是未来的大国工匠,因此,从学生时代起就管理好他们的健康,具有非常重要的意义。具有强健的体魄、良好的身体素质是高素质技术技能人才应具备的首要条件。而现实情况是,高职学生的身体健康状况逐年下降,比如肥胖和近视是非常普遍的现象,而且由于学业的压力,他们的业余锻炼时间也非常有限。在健康中国建设进程中,创新高职学生体质健康管理模式,提高其身体素质势在必行。

(二)高职学生健康管理的可行性

健康管理概念最早起源于美国,并很好地促进了美国国民的健康提升,得到了美国政府的认可。20 世纪末,芬兰政府培养国民树立正确的健康观和健康意识,使其国民深受其益。这种现象在日本也得到一样的效果,通过健康管理,日本学生的体质健康水平得到明显提升。那么,经过对学生的健康管理,也一定在我国发挥重要的价值。

二、目前高职学生体质健康管理存在的问题

(一)体育健康课程的教学效果有限

《关于强化学校体育促进学生身心健康全面发展的意见》规定,体育健康课程改革方向为深化教学改革,强化体育课和课外锻炼;注重体教

结合，完善训练和竞赛体系；构建课内外相结合、各学段相衔接的学校体育考核评价体系。然而，从我国高职学生的体质现状来看，高职院校并没有实现体质健康课程改革的初衷。部分高职学生没有达到国家教学大纲的要求：掌握一项体育运动技能，养成体育锻炼的习惯。高职院校的体育健康课程由于师资力量的缺乏、场地设施的不足，加上体质健康测试占用体育课堂，高职学生上体育课的时间非常有限，短暂的课堂时间很难对高职学生的体质健康有大的改变。部分高职院校开设课外体育训练，鼓励学生参与体育锻炼，但由于高职学生参与度不够，或活动波及面太小，实际效果依然不佳。

(二)高职学生健康测试结果不理想

我国教育部颁发的《学生体质健康标准》是衡量学生身体健康的重要参考。然而，在这一标准体系下，高职学生的身体素质测试结果并不理想，而且呈现逐年下降的趋势。同时，这也说明想通过《标准》提高学生健康，并不科学，得不到激励学生积极锻炼的效果，很难达到提高高职学生体质的目的，无法满足健康中国的要求。

(三)高职院校体育教育资源匮乏

相对而言，我国高职的师资力量比较薄弱，基础设施不够完善，这些都是非常现实的因素，都会制约高职院校学生的体育发展。据调查，大多数高职院校的体育教师，需要靠外聘来满足，自身都没有能力培养自己的体育教师队伍。在这种靠外聘教师和兼职教师完成体育教学的情况下，导致高职的体育教学水平不高，教学工作不稳定，势必影响体育教学效果以及学生的体育运动能力的发展。根据2019年政府工作报告得知，2019年高职院校再扩招100万人，在师资和体育场地设施基本不变的情况下，新增加的100万人，势必进一步扩大师资力量和体育基础设施缺口。

三、高职学生健康管理模式的构建

(一)加强校园内的健康管理

加强高职学生的健康管理,需要学校、社会和家庭的共同推进,分工配合,但是作为高职学生来说,学校的作用所占的比例非常大,需要引起校方和教师的足够重视。比如增加体育教学的比重,丰富课外体育活动的内容,增加体育竞赛以激发学生的运动欲望等,学校应努力创造出有助于学生开展运动健身的文化和氛围。总之,争取为高职学生提供优质的师资和场地设施资源。

同时,高职院校应高度重视学生体质健康测试工作,确保高职学生体质健康测试数据的准确性,按照《标准》中的各个指标来评价高职学生的体质健康水平。根据学生的不同运动情况和身体情况制订改进计划,对体质健康不合格的高职学生要查明原因,进行有针对性的重点培养,采用明确的方法来促进其成绩的提高,进一步提高其体质健康水平。

(二)督促家庭体质健康管理

每一名学生,他们的生活习惯和健康理念都深受家庭环境影响。由于认识上的差异和文化层次不足等原因,家长的健康意识和对孩子的健康关注存在很大的差异,因此,作为学校,出于对学生的关心和爱护,有责任与家长保持密切联系,及时沟通学生的健康发展情况,促使家长对子女的体质健康状况具有更加科学理性的认识。这就需要学校和家庭加强联系,进行积极沟通、交流,引导家庭明确国家体育健康教育目标,树立正确的体质健康观。家长要充分认识体质健康状况对家庭未来的影响,积极配合学校促进高职学生的体质健康,以培养高素质的社会公民。

第五节　高职体育管理模式的创新

在我国高职教育体制改革不断深化下，高等教育逐渐从精英教育向大众教育发展，因此，高等职业教育的地位得到提高和社会的重视，从而在近些年有了快速的发展。作为高职教学的重要组成部分，体育教育和管理逐渐被提上日程。随着社会的不断进步，人们开始追求更加健康的生活方式，追求健康的体魄和更高的生活质量。在这样的大背景下，高职院校要提高对体育教学的重视程度，加大对体育教学经费的投入，加强对高职体育管理体制的研究与实施，创新一个更加科学合理的高职体育管理模式。

一、高职体育管理模式创新的原则

（一）法制原则

一个科学的管理体制首先应该符合法制要求，高职院校的体育管理模式的创新同样也必须遵循法制原则。所以，在开展高职体育管理模式创新工作的时候，不管是体育管理思想、体育管理手段还是体育管理内容都必须符合国家的相关政策法规和管理制度。在符合法律法规的前提下，可以大胆创新，为高职体育的进一步发展做出努力。

（二）以人为本的原则

在国家推进素质教育的过程中，以人为本是贯穿各个教育系统的教育原则。高职体育管理创新的开展过程当中，“人”始终是影响管理效果的关键因素，对体育教学的管理首先是对人的管理。做好高职体育管理模式创新工作，必须坚持以人为本的原则，要重视人才并且尊重人才。

应该制定出相应的管理监督政策以及管理激励政策，通过监督以激发管理者的责任感，通过激励来调动管理者的工作积极性。另外，还要为管理者留有合理的空间，使其充分发挥创造性，从而不断提高自身的管理水平。

（三）整体与局部相结合的原则

科学合理地对高职体育进行管理的重要条件，就是必须要制定出完善的管理目标，在整体管理目标的基础上，根据组成高职体育管理系统不同要素的职能与特点，对这个整体的目标进行科学合理的分解，并对各要素进行科学分工。在分工之后，再对各个要素之间的关系进行准确的引导以及协调，使各个要素的特点以及职能能够充分地发挥出来，让整体目标与各要素的局部目标能够相结合，最后确保整体管理目标的实现。

（四）开放性原则

在高职的体育管理模式创新中，开放性原则非常重要，它是决定高职体育管理模式是否新颖的重要前提。开放性原则包括以下三点。

(1)在体育管理模式创新工作开展的过程当中，管理人员必须开阔眼界，要主动去了解并且学习当前最新的管理理念以及管理方法，并能够根据本校实际情况合理地借鉴与吸引。

(2)在体育管理模式创新工作开展的过程中，必须要做到公平、公正与公开，由此构建出一个自我约束与激励的良性机制。

(3)体育管理模式创新工作的开展并不是孤立的，应该尽量让学生能够参与到管理当中来，选择一个科学的方式来引导学生参与到管理当中，以此来激发学生的体育热情。

（五）职、责、权相统一的原则

在任何管理工作中，对职、责、权的统一是最基本，也是最重要的原则之一，它能够确保管理人员的职位、权力以及责任相对等，使管理模式创新工作能够高效有序地开展，也方便对管理工作的评价和监督。在管理工作开展过程中，假如管理人员的权力大但责任小，就容易导致管理责任不到位，管理人员的权力过于集中，也会导致权力滥用的现象，使得管理工作过于混乱，影响了管理作用的发挥；假如管理人员的权力小但责任大，又难以调动管理人员的工作积极性，同样会影响管理工作的有效开展。

（六）集权与分权相结合的原则

在高职体育管理模式创新工作当中坚持集权与分权相结合的原则，对于保障管理工作的顺利开展同样具有重要作用。首先，日常的高职体育管理模式创新工作，必须充分保证管理系统中各个层级管理层的科学分布和有效实施，做到充分分权，是让各个层级的职能得到发挥，同时也得到有效的监督；其次，在分权的同时还必须实行有效的集权政策，保证在需要统一指挥、共同努力的情况下，也能够快速地做出反应，让整个管理系统能够成为一个紧密协调的整体，否则的话，如果集权没做好，就容易沦为一盘散沙、不成气候。因而可以在保证工作灵活性以及统一性的前提下，不断提高管理效率以及管理水平。

（七）控制管理幅度的原则

在高职体育管理模式创新工作开展的过程当中，要依照体育管理工作的性质以及特点，再结合体育管理人员自身的特点，来为每个管理人员划分出管理内容以及管理范围。并且，管理人员在其管理工作开展的过程中，还必须明确自身的管理范围，明确上级与下级的管理边界，避免出现上下越级管理、管理幅度左右重叠以及管理遗漏等现象。

二、高职体育管理模式创新的策略

高职体育管理模式的创新注意体现在教学思想的创新、课程性质的创新、课程目标和任务的创新以及课程结构的创新上。高职体育课程同样设置了运动技能和体育知识学习模块，又增添了职业体能训练（职业实用体育）模块以满足学生专业体能练习的需要。

(一)教学思想理念的创新

在体育社会化日趋深入的今天,高职院校体育管理者必须感到发展的紧迫性,必须为体育教学改革做出卓有成效的创新和改革,才能符合国家对高职人才要求的需要,才能满足年轻人的发展需要,才能让高职院校在时代的发展洪流中,逐渐摸索出属于自身的独特价值。那么,这就需要对教学理念进行全面的创新改革,要紧跟时代脉搏,将最新的教育理念引进体育教学之中。将自身体育资源和社会资源有机结合,努力优化配置体育资源,提高体育资源的使用率。大胆引进国外的先进教育理念,取其精华,为我所用,拓宽师生的视野,把高职体育教育发展为学校的一个可发展的特色。

(二)提高管理的创新性

在高职院校体育管理模式创新工作具体运行时,要摒弃以往老派的被动管理模式,将过时的、低效的管理方法作为主要的管理手段。要杜绝墨守成规,大胆起用年轻的管理者,引入新鲜的血液,破除繁文缛节式的管理模式。采用直线式模式进行有效管理,逐渐实现专人专管,以成绩论成败,不管多高的级别,不能干涉具体管理人员的工作计划和安排。拒绝一言堂,让管理创新机制成为高职院校的发展动力。

(三)调动基层人员的能量

高职院校应该提高自身的发展魄力,充分放权,调动并激发基层管理工作者的积极性与创造性,从而发挥出高职体育教学的最大作用。受市场经济大环境的影响,大家可以感受到学校之间从生源到学生就业等方面都存在着竞争,要想在竞争中占据优势,必须进行全面的改革。要将高职体育管理视为一种产业,对市场做出快速反应,建立一种同我国社会主义市场经济体制相适应的体育管理指导思想,使得管理模式创新工作能够更加科学有序地进行。在高职体育管理机制方面,要相信集体的智慧,相信每个人都可以发光发热,要善于集众人之力,持续推进高职的体育管理,使其更加科学高效。

(四)灵活选择管理方式

高等职业院校需尽快改变当前体育管理与发展的基础性条件，要做到解放思想、大胆创新、实事求是，要能够根据本校的实际情况来灵活地选择管理方式。还必须建立出一套科学的管理制度，使得高职院校管理工作的进行能够有章可循。在体育管理工作进行的过程中，必须始终坚持以学生为中心，要充分考虑到学生之间存在的差异，区别对待。与此同时，还必须不断提高管理人员的素质与能力，例如，提高管理人员的组织能力、信息分析能力、人际交往能力、快速决策能力等。除此之外，为了使高职体育能够更好地开展，还必须加大投入，改善高职院校体育场地器材不足的现象，为学生体育活动正常有序地进行提供物质保障。

第六章 高职学生体质健康与运动促进

高职学生是国家重点培养的高级技术型人才，他们是我国社会生产的核心力量，肩负着国家建设的重要使命。因此，必须加强对高职学生体质健康的发展。本章将从高职学生体质测试、高职学生体质现状分析、高职学生职业性体能训练以及高职不同体质学生健康促进的运动处方四个方面展开，以期对促进我国高职学生体质发展起到一定的推动作用。

第一节 高职学生体质测试

一、体质测试的概述

2007 年，我国教育部颁布了《国家学生体质健康标准》（以下简称《标准》）及《标准》实施办法，这是教育部、国家体育总局积极贯彻中共中央、国务院“关于加强青少年体育增强青少年体质的意见”以及全面推行“全国亿万学生阳光体育运动”的重要举措。《标准》的主要内容是测量学生体质健康状况，以及对锻炼效果的评价，包含了不同年龄段学生体质健康方面的基本要求，是学生体质健康的个体评价标准。《标准》涵盖的是与学校体育密切相关的学生身体健康的所有范畴。它还具有激励的作用，为了监督和督促体育教学的高质量进行，激发和鼓励学生加强身体锻炼，努力发展身体，为日后的社会主义建设做好准备。

二、高职学生体质测试内容与方法

《标准》里设置了符合我国学校实际情况、简便易行的测试项目。其可靠性、有效性、客观性、可操作性等在多年来的学校体育实践中得到了证明，这些测试项目涵盖了人体形态、机能、身体素质和运动能力的多个方面。对于高职学生而言，包含三个必测项目，三个选测项目。必测项目是身高、体重、肺活量。但是三个必测项目所占分数的比重有所不同，身高与体重占整体分值的 10%，而肺活量对人体健康的影响要相对重要得多，因此占整体分值的 20%。

选测项目包含以下三种，学生可以从每种中自由选择一项。

(1)从台阶试验、1 000 米(男)、800 米(女)中选测一项。这部分占整体分值的 30%。

(2)从坐位体前屈、仰卧起坐(女)、引体向上(男)、掷实心球、握力中选测一项。这部分占整体分值的 20%。

(3)从 50 米跑、立定跳远、跳绳、篮球运球、足球运球、排球垫球中选测一项。这部分占整体分值的 20%。

(一)身高

1. 测试目的

高职学生即将步入成年，很多学生的身高已经基本稳定，通过对身高的测量可以很好地判断学生的整体身体发育情况。同时与体重测试结果相配合，用来评定学生的身体匀称程度、发育情况和营养状况。

2. 场地器材

身高的测量一般都使用身高测量计。使用前应校对 0 点，以钢尺测量基准板平面至立柱前面红色画线的高度是否为 10.0 厘米，误差不得大于 0.1 厘米。另外，还要对立柱进行垂直检查，有时候因为使用时间过长，立柱被拉拽，或者在搬运过程中磕碰，导致立柱倾斜，或者晃动，会影响测量的准确性。

3. 测试方法

测量时，学生脱鞋穿袜，以立正姿势站在身高计的底板上，脊柱挺直，双臂自然下垂，足跟并拢，足尖分开约成60°角，女同学要注意摘掉发卡等影响测量的饰品。背对立柱，保持足跟、骶骨部及两肩胛区与立柱相平行，目视正前方，躯干自然挺直。测试人员将水平压板轻轻压在测试学生的头顶上。读数时注意做到水平读数，避免误读。一人读数，一人记录，记录员要先复述后记录，以确保记录的准确性。一般是以厘米为单位，精确到小数点后一位。测试误差不得超过0.5厘米。有些男同学的头发较硬较厚，容易轻微影响身高的测量，因此，测量人员应有意识地轻压水平压板至头皮。

4. 注意事项

(1)选择地面平坦、光线充足的空间进行测量，一般选择室内，如果在室外测量应避开日照过强的时间段，以及避免在大风的天气中测量。

(2)严格掌握“三点靠立柱”“两点呈水平”的测量姿势要求，测试人员读数时两眼一定与压板等高，两眼高于压板时要下蹲，低于压板时应垫高。

(3)每次测量后都要立即将水平压板轻轻推向安全高度，以防碰坏。

(4)测量身高之前，学生应避免剧烈的运动，以保证测量的准确性。比如如果刚刚完成剧烈跑步，那么学生还处于大口喘息的状态，会导致测量误差。

(二)体重

1. 测试目的

体重是衡量学生身体健康的重要指标之一，与身高测试相结合，可以把握学生的整体外观体态，身材是否匀称、营养状况是否良好等。

2. 场地器材

一般都是使用杠杆秤或电子体重计。无论使用哪种，在使用前都需检验其准确度和灵敏度，电子秤要确保电池的电量充足。准确度要求误差不超过0.1%，即每百千克误差小于0.1千克。检验的时候用10千克、20千克、30千克标准砝码分别进行称量，检查读数是否准确。检测灵敏度的时候，可以放置100克重砝码，观察刻度尺变化，如果刻度抬高了3毫米或游标向远移动0.1千克而刻度尺维持水平位时，则达到要求。

3. 测试方法

测试时，必须选择平坦地面，将刻度尺调整到0点位置。测试时学生拖鞋，去掉外衣，站在秤台中央，稳定站好。测试人员放置适当砝码并移动游标至刻度尺平衡。读数以“千克”为单位。和测量身高的记录方式一样，记录员复诵后将读数记录。测试误差不超过0.1千克。

4. 注意事项

(1)测量体重前，学生不得进行剧烈活动，避免大量喝水。

(2)学生上下杠杆秤动作要轻，站在中央位置，稳定后读书。

(3)每次使用杠杆秤时均需校正。测试人员每次读数前都应校对砝码重量以避免差错。

(三)肺活量

1. 测试目的

测试学生的肺通气功能。

2. 场地器材

电子肺活量计。

3. 测试方法

学生保持呼吸平稳，准备好一次性口嘴进行测量测试，并检查嘴或鼻处是否漏气，调整口嘴和用鼻夹。肺活量计主机放置平稳桌面上，确保电源接线牢固，按工作键液晶屏显示“0”即表示机器进入工作状态，预热5分钟后测试为佳。

准备测试时，学生先调匀呼吸，选择舒服的站姿，练习以中等速度和力度尽全力吹气。然后深吸气，同时避免耸肩提气。开始测试时，让学生进行一两次深呼吸动作后，间隔15秒，深深地吸一口气，向口嘴处慢慢呼出至不能再呼出为止，防止此时从口嘴处吸气，测试中不得中途二次吸气。吹气完毕后，液晶屏上最终显示的数字即为肺活量毫升值。每位学生测三次，每次间隔15秒以上，记录三次数值，选择最大值为测试结果。测量以毫升为单位，不保留小数。

4. 注意事项

(1)电子肺活量计的计量部位的通畅和干燥是仪器准确的关键，吹气筒的导管必须在上方，避免口水或其他杂物堵住气道。

(2)气筒内部要勤擦拭和消毒，但不能使用水和酒精等液体冲洗气筒内部。

(3)导气管存放时不能弯折。

(4)测量10名学生后，要进行校正。

(四)台阶试验

1. 测试目的

台阶测试的目的是测量学生在定量负荷后的心率变化情况，从而可以评价学生的心血管机能的发育情况。

2. 场地器材

台阶、节拍器、秒表、台阶试验仪。

3. 测试方法

男生适合用40厘米台阶，女生适合选择35厘米的台阶。每个人在测试前需要先测定安静时的脉搏，然后让学生做准备活动，活动下肢关节，拉伸腿部肌群等。设置好节拍器的节律，一般为 120 次/分钟（每上、下一次是四动）。学生需要了解和适应节拍器的节律，然后准备测试。

按照教师的口令，学生从预备姿势开始，跟着节拍器做台阶测试动作。

（1）一只脚踏在台阶上。

（2）踏在台阶上的腿伸直，于是身体站上台阶。

（3）随后，先踏上台阶的脚先落地。

（4）还原成预备姿势。

如此反复，按照节拍器的节律连续做 3 分钟。动作结束后立刻坐在椅子上请体育教师测量 1 分钟至 1.5 分钟、2 分钟至 2.5 分钟、3 分钟至 3.5 分钟的 3 次脉搏数。并用下列公式求得评定指数，计算结果一般只取整数，小数部分以四舍五入处理。

评定指数＝踏台上、下运动的持续时间（秒）×100/2×（3 次测定脉搏的和）

4. 注意事项

（1）有心脏病的学生不能做台阶测试。

（2）测试之前，教师按秒上、下一次的节奏进行测试，如果学生三次都跟不上节奏，那么应停止测试。

（3）上台阶时和下台阶时，膝和髋关节都应该伸直。

（4）不能让学生自己测量脉搏，因为会影响准确性。

（5）如果学生无法完成 3 分钟的负荷运动，那么就以他能完成的实际上、下台阶的持续时间进行计算，公式和方法同上。

（五）50 米跑

1. 测试目的

测试学生速度、灵敏素质及神经系统灵活性的发展水平。

2. 场地器材

50 米直线跑道若干条，地面平坦，地质不限，跑道线要清楚。发令旗一面，口哨一个，秒表若干块(一道一表)。秒表使用前，应用标准秒表校正，每分钟误差不得超过 0.2 秒。标准秒表的选定，以北京时间为准，每小时误差不超过 0.3 秒。

3. 测试方法

学生至少两人一组测试。以站立姿势起跑，学生听到教师“跑”的口令后快速起跑。教师在发出口令的同时摆动发令旗，好让同学和计时员同步开始。计时员要保证在学生躯干部到达终点线的垂直面时停表。以秒为单位记录测试成绩，精确到小数点后一位。

4. 注意事项

(1)学生测试最好穿运动鞋，如果是平整的塑胶跑道，也可以赤足进行，但是不得穿钉鞋、皮鞋、凉鞋等。

(2)如有人抢跑者，重新开始。

(3)如遇风时一律顺风跑。

(六)800 米或 1 000 米跑

1. 测试目的

高职院校对学生的耐力素质测试，基本上以长跑的形式进行，女生 800 米，男生 1 000 米。长跑测试还可以测试学生的心血管呼吸系统的机能及肌肉耐力。

2. 场地器材

塑胶跑道、田径场、体育馆内的跑道都可以。重点是要测量准确，地面平坦。秒表使用前需要校正，要求同 50 米跑。

3. 测试方法

高职学生在测试时可以集体进行，也可以两人一组进行测试，站立式起跑。当听到“跑”的口令后开始起跑。注意，体育教师在喊出口令的同时需要摆动旗子，从而让计时员看到旗动开表计时，当学生的躯干部到达终点线垂直面时停表。以分、秒为单位记录测试成绩。

4. 注意事项

(1)如果在非400米标准场地上测试，需要安排人员向学生报告剩余圈数，以免跑错距离。

(2)学生跑完后应保持缓缓走动，不要立刻坐下。

(3)学生要穿运动服和运动鞋进行测试，不能穿皮鞋、凉鞋、钉鞋等。

(4)计时一定要准备，对分、秒进行换算时要细心。

(七)立定跳远

1. 测试目的

测试学生下肢肌肉爆发力及身体协调能力的发展水平。

2. 场地器材

沙坑、丈量尺。沙面应与地面平齐。如无沙坑，可在土质松软的平地上进行。起跳线至沙坑近端不得少于30厘米。起跳地面要平坦，不得有坑凹。

3. 测试方法

学生两脚自然分开站立，站在起跳线后，脚尖不得踩线。两脚原地同时起跳，不得垫步，也不能连跳。学生准备时可以大力摆臂，为身体的跃起加力，教师在丈量时，注意准确测量起跳线后缘至最近着地点后缘的垂直距离。每人跳三次，记录最好的一次。以厘米为单位，以整数计算。

4. 注意事项

(1)发现犯规，则此次成绩无效。多次犯规，学生应加强练习后再测试。

(2)场地条件允许的情况下，可以赤足测试，但最好穿运动鞋测试。

(八)掷实心球

1. 测试目的

投掷实心球是测试高职学生上肢力量,特别是爆发力的主要手段。

2. 场地器材

选择一片平整的场地,直径要在50米以上。实心球若干,测试球重为2千克。

3. 测试方法

测试时教师画好一条起投线,学生站在起投线后,自然站立,双脚可前后或左右开立,双手举球至头上方稍后仰,双脚稳定不动,双臂和腰部配合用力使劲把球投向前方。如两脚前后开立投掷,当球出手时注意后脚迈出时不得踩线。每人投掷三次,记录成绩最好的一次。记录以米为单位。丈量起掷线至球着地点后缘之间的垂直距离。应安排一名学生负责观察实心球的着地点。

无论哪种犯规,该次成绩都无效。

(九)握力

1. 测试目的

测试学生上肢肌肉力量的发展水平。

2. 场地器材

电子握力计或弹簧式握力计。

3. 测试方法

学生两脚自然分开成直立姿势，两臂自然下垂。一手持握力计全力紧握但不能接触衣服和身体。记下握力计指针的刻度。用有力手握两次。取最大值，以千克为单位，测试时保留一位小数。

4. 注意事项

保持手臂自然下垂姿势，手心向内，不能触及衣服和身体。

（十）引体向上

1. 测试目的

测试学生的上肢肌肉力量和耐力的发展水平。

2. 场地器材

高单杠或高横杠，杠的粗细以手能握住为准。

3. 测试方法

学生跳起双手正握杠，两手与肩同宽成直臂垂悬。静止后，两臂同时用力引体，此时不能有附加动作，上拉到下巴颏超过横杠上缘为完成一次。记录引体次数。

4. 注意事项

(1)学生应双手正握单杠，待身体静止后开始测试。

(2)引体向上时身体不能有大的摆动，也不得借助其他附加动作撑起，只能依靠臂力。

(3)如果两次引体向上的间隔时间超过 10 秒，则自动终止测试。

第二节　高职学生体质现状分析

一、高职学生体质健康的重要性

随着我国经济的不断发展，全体国民的物质生活都得到了一定的提高，甚至一些地区的人群出现明显的营养过剩的表现。肥胖、高血脂等现象已经在青年学生群体中开始出现。过分的营养摄入、不科学的日常饮食还使一些健康疾病悄然而至，影响着现代人的体质发展。另外，工业文明和现代科技的逐渐发展，使绝大多数人们从高强度的体力劳动中解放出来，先进的生产方式让人们只需动动手指就能完成重要的工作。过去，获取物质资料的主要形式为体力劳动，通过体力劳动，一方面获取对应的物质资料，一方面对自身的体质健康也产生了锻炼效果。而现在的情况确是，大部分人群的工作是在办公室完成，他们被称为白领一族，他们主要从事脑力劳动，身体却长时间地保持坐姿，这显然与人体的基本健康需求不相符。

高职院校培养的，大部分都是具有专门技能的技术型人才，他们中有相当一部分，在日后步入社会后从事的工作都是以久坐为主要形式的白领工作。如果不能在学校期间打好健康基础，养成良好的锻炼习惯，长此以往会影响他们的身体发展。高职学生作为国家发展的后备人才，他们的体质健康状况很大程度上影响着青年群体乃至国民体质的发展。因此，追踪了解高职学生体质健康发展状况，进而提出应对措施，对高职学生本身以及国家发展都具有重大意义。

二、高职学生体质现状

（一）缺乏足够的运动

在一次高职院校组织的体育测试工作中，我们发现，在 5 000 余名男生的引体向上项目测试中，能完成10个以上的学生已经十分“罕见”。这和20年前相比简直存在着天壤之别。10年前，只有极少数男生不能完成10个以上引体向上，那会被同学认为是“体质虚弱”的表现，甚至会让男生难为情。反观现在，青年学生要么是因为体重过重而无法完成，要么是因为平时缺乏训练，四肢力量不足而不能完成。这反映出我国高职院校学生的健康水平普遍比较低下的现状。

在一项盘腿坐的检查中，有不少学生因为太胖而无法席地而坐，在同学的帮助下终于坐下后，活动结束后他们自己又无法独自站起来，仍然需要同学的帮助。这些学生显然是严重缺乏运动，不仅仅导致严重肥胖问题，甚至腰椎和膝关节都有次生问题，甚至造成了日常生活的不便。根据教育部《关于2018年学生体质健康监测结果公告》显示，与往年相比，学生的力量、耐力、速度、柔韧等素质呈持续下降趋势，反映耐力的800米、1 000米跑，49%的学生成绩都呈下降趋势；反映身体机能的肺活量数值也继续呈下降趋势。

造成这一现象的另一原因是教学理念的落后。在应试教育的多年主导下，全社会都将教育进行了简化和功利化的理解，以为学生的主要学习目的就是考出好成绩，在毕业后能够获得一份好工作，对于不是体育专业的大多数学生而言，体育课似乎是可有可无的。在这样的意识观念下，学校和学生对体育教学的理解都处于十分狭隘的局面，长期下来，学生凭个人兴趣开展体育锻炼的现象少之又少。他们仅仅是体育课的有限活动时间，而且目的仅仅是为了得到合格的考试成绩。

（二）不健康的饮食习惯

造成学生体质下降的另外一个原因是不良的饮食习惯。随着物质生活水平的不断提高，现在的孩子常常要克服更多的诱惑，具有适当的自律，才能保持饮食的健康摄入和有度摄入。商家为了开拓市场，不断推出各种新鲜诱人的美食，其中也不乏高热量的垃圾食品。垃圾食品由于口感独特，最为青少年儿童所喜爱。过多的热量摄入，却不主动参与体育活动，所以体质弱的学生越来越多，肥胖、亚健康、慢性病正在校园蔓延。

在校期间，很多学生觉得食堂的食物味道寡淡，于是大量地点外卖，而外卖食品健康和安全又很难有保障。长期下来，不良的饮食习惯是导致学生体质下降的主要原因之一。

(三)体育课单一

高职的体育课是改善学生体质的主要途径,但是体育课中体能教学不是独立的课程体系,以兴趣为主的体育项目占据主导地位。而高职学生的在校学习时间较短,一般为2至3年。也就是说,还没等形成良好的运动习惯,他们就即将毕业了。通常情况是,大一、大二开设体育课,大三、大四没有体育课。每周进行2学时共计90分钟的体育课,课程的教学项目有足球、篮球、排球、乒乓球、羽毛球、网球、舞蹈类、武术类和拓展运动等。然而,在有限的时间里进行这么多项目的教学,导致的结果就是样样通,但是样样不精。

缺乏完整的项目基础,学生很难形成自主运动的动力和运动兴趣。外面的体育教学中,田径类、技能类教学的内容比重较大。对体能的训练较少,而且,体能训练一般都较为枯燥单调,学生凭自觉很难长期坚持,因此,高职学生群体中,普遍存在体能较差的问题。

曾有教师调研反馈,学生对田径类项目较为抵触,因为这一类项目的趣味性较小、动作单一、运动量更大、运动时的强度更高、学生怕累、兴趣与积极性不高造成,而且教师调动起学生兴趣也有一定的难度。

三、高职学生体质变化趋势

(一)身高发展的趋势

身高是学生体质健康发展状况比较直观的体现。在一定的范围内,学生的身高发育说明生长激素分泌旺盛,营养充分,尤其年轻学生,对身高体征较为敏感,几乎每个人都希望自己长得高挑健硕,这也在一定程度上影响学生的自信心发展。在我们国家的文化氛围里,对男性的身高尤其看重。评价一个年轻小伙子的外形时,首要的就是看他的身高情况,其次才是相貌和体重。可见,中国文化语境下,对身高有特别的情结。

对于高职学生而言,他们的生长发育基本接近成年,身高相对稳定,因此，统计高职学生的身高情况，可以从某个层面反映出我国年轻人的整体风貌。有研究发现，近10年来，我国高职学生的身高情况普遍呈现上升趋势，这和营养与锻炼密不可分。

除去南北方地域差异之外，我国高职男生的身高呈明显上升趋势。近10年来，平均提高3厘米。女生的平均身高也增长了2厘米左右。通过高职学生的身高数据不难发现，我国青年人整体上身体发育良好，身高呈逐年增长的特点。

（二）体重发展趋势

除了身高之外，体重也是一项重要的健康指标。近些年来，超重和肥胖成为影响少年儿童身体发育的重要问题。由于饮食营养过剩，且家庭的营养观念不够科学，导致出现了很多肥胖的青少年。在高职学生群体中，除了个别对外形有严格要求的专业之外，超重或者肥胖现象非常多见。这主要是由于营养观念落后以及锻炼不足导致。目前通用的身体质量指数（简称BMI）是比较常用的健康指数。该指数的计算公式是用体重（kg）除以身高的平方（米）。例如，一个人身高为1.63米，体重为50kg，则这个人的身体质量指数为50kg÷（1.63×1.63）＝18.82。一般情况下，BMI在18.5—24.0的范围内为正常；BMI小于18.5，体重过低；BMI介于24.0—28.0范围内超重；BMI大于28.0为肥胖。

有数据显示，我国高职学生超重及肥胖率上升趋势比较显著。男生的超重及肥胖率呈每年上升1.15%—3.8%之间。女生相对于男生来说，增长幅度比较慢，但从整体上看，也处于一个上升姿态。从总体上看，无论男生还是女生，在近10年间，超重及肥胖率都呈上升趋势，其中男生比女生体重上升趋势更为显著。

四、高职学生体质改善方法

（一）开展每日30分钟体能训练

改善体质是一个长期的工程，因此最好需要做一个稳定的、持续的，而且好坚持的运动计划。有人提出每日30分钟体能训练的方案，并且在一些学校取得了不错的效果。30分钟体能训练指的是，要求学生每日定量地进行体能训练。学生可以自主选择自己喜欢的方式和时间，比如慢跑、羽毛球、哑铃、拉伸等。通过每日坚持做一点运动，假以时日，学生的体能素质会得到一定程度的提升。实践证明，体育课期间进行30分钟体能训练是十分有效的。建议体育教师根据学生的实际情况，从身体发展的规律、机能变化规律出发设定练习项目，制定适宜且趣味性强的训练内容，以现有体育课为载体，把30分钟体能训练的练习内容融入体育课的课堂上，科学地对学生进行体能训练，达到提高学生体质的目的。

（二）注重学生体能的全面训练

在体育课开展学生体能训练时，要注重学生身体的全面训练，不能只重视提高其中的一两项身体素质，而忽略了其他身体素质。为了保证学生的身体各项机能全面发展，需要整体地、协调地进行。在体能训练过程中如果只是提高学生的某一方面的身体素质，会影响学生的综合体能和综合运动能力的平衡提高，如果顾此失彼，会影响学生身体机能的全面、平衡地发展。只增长某一方面的能力，会对学生体能的提高造成影响。比如，过度强调力量的发展会引起肌肉僵硬，降低身体的柔韧性和灵敏性。所以，高职院校在发展学生的体能时，应注意全面协调的发展，对力量、速度、耐力、柔韧、灵敏性有机结合，交叉训练，这样才能获得最佳的训练效果。

（三）营造愉快的学习气氛

由于高职院校学生学业压力较重，他们的专业课排得很满，对体育课有一定程度的挤压。在这种情况下，体育课的教学会相对严肃紧凑，因此课程内容就容易变得枯燥乏味。为了提高学生的学习兴趣，体育教师应该更多地在如何让学生爱上运动方面花些功夫。努力营造出轻松愉快的学校气氛，以提高学生参与运动的积极性。传统的体育教学，教师的主要精力是培养学生的运动技能，教师整体上较为严肃，学生对教师有敬畏和惧怕心理，于是往往是被动地接受，而很少主动地和教师请教和探讨。如果体育教师能够意识到这一点，首先激发学生的学习兴趣，让学生放平心态，往往能取得很好的效果。

（四）创新教学形式

要保持学生的积极性与兴趣教学，形式不能过于单一，要体现全面性、多样性，在训练内容、组织方法、教学手段、体育器材等方面下功夫。一般的教学模式是体能训练前教师布置本次课的主要内容，共做多少组、多少次的练习，再强调练习中的注意事项等，学生根据教师的要求去做，形式上去完成这些练习。我们知道，现在大学生表现欲很强，善于接受新鲜事物，喜欢新颖的、变化多样的练习方式和教学内容。所以，教师需加强业务知识的积累，抓住学生的心理，遵循运动规律，推行教学形式多样化，进行创造性教学，给学生一个点，让他们展开一个面。在练习过程中，学生往往在某一个练习进行到一半的时候，就感到体力不支，这时可以运用电子设备播放音乐，让学生随着伴奏的节拍完成训练，这样会收到意想不到的教学效果。例如，常规的 800 米、1 000 米耐力跑，学生一听到长跑就害怕，条件反射性地产生恐惧心理，所以教师可以不使用重复绕操场跑的形式，让学生采用追逐跑、侧身跑、倒退跑等形式相结合的方法进行练习，制定好规则，以动作、完成时间进行评价；也可以分组以接力比赛的形式进行练习，固定接力队的组别，给自己的队起个名字，教师提出要求，每周一次比赛，如果名次没有提高，那么成绩上就需要有提高，二者得达到一个才行。这些新颖的教学可以满足学生对运动的需求心理，激发自主训练的热情。

第三节　高职学生职业性体能训练

我国高职院校的专业众多，比较主要的有航空运输、高铁乘务、航空物流、电子商务、数控机床、药学、酒店管理、动漫、安检、汽车维修、纺织技术、钢铁冶炼、文秘、服装设计、计算机应用、护理、广告设计、汽车电路、导游、烹饪、汽车美容、营销与策划等。由此可见，这些专业几乎涉及了社会建设的方方面面，遍布各类行业。然而，每一个行业都有各自的特点，根据这些行业和专业的整体特点，高职院校可以有针对性地对学生进行职业性体能训练。

一、适应户外环境的体能训练

对于一些经常需要户外作业的高职学生，适应外界环境的体能锻炼是一项重要的体育内容。比如一些地质专业、路桥专业、导游专业的学生，可以帮助他们在日后的工作中，能够顺利地应对不同恶劣天气，甚至在环境挑战较大的情况下，依然能够稳定地发挥自己的专业和特长。

（一）适应外界环境体能锻炼的特点

（1）阳光充足、空气新鲜。学生适应外界环境体能锻炼，是在外界环境中或户外、野外进行的一项综合性体能锻炼活动。

（2）自然环境复杂多变，让学生适应外界环境并进行体能锻炼，是户外和野外锻炼的根本目的。比如户外徒步旅游、野外行走、丛林穿越、登山、定向越野、野外生存和遇险应对等锻炼，具有实用性、新颖性和挑战性等特点。

（3）学生应具备适应外界环境体能锻炼，是恶劣或者多变的环境中进行的走、跑、跳、投、攀爬以及跨越各种障碍的多种实用技术技能，是进行外界环境体能锻炼的显著特点。

（4）高职学生适应外界环境的体能锻炼，同时也是一项在户外和野外进行的集体性运动，能够锻炼学生的集体精神、团结协作精神和奉献精神。

（5）适应外界环境体能锻炼，是一种综合性体能锻炼，充满探险性、未知性，这也能激发学生的参与热情和锻炼动力。

（二）适应外界环境的走、跑训练

1. 户外行走

户外行走是在大自然环境中集健身、休闲、探险为一体的锻炼方式。

户外行走的特点是自然环境多变、空气新鲜、风景优美。但是,户外行走的目的是锻炼、缓解精神紧张,提高耐力素质和心肺功能,达到了身心健康的目的。

(1)锻炼场地的安排

除了在野外环境中的越野走以外,可在运动场、公园、宽敞的街区、湖边、校园、路边、林间小道进行。

(2)技术要求

训练中要保持匀速前进,注意有节奏地呼吸,每走一步腿部肌肉应有瞬间的放松,学会在每一步中的短暂休息可以很好地节省体力。上坡走时身体适宜前倾,身体重心前移,脚跟着地,迈步换腿时将支撑腿伸直,两臂自然摆动,维持身体平衡,坡度较大时,两脚稍有外“八”字,便于脚跟更好地着地用力,并注意有意识地深呼吸。下坡走时身体略后仰,身体重心放在后脚跟,应该采用小幅略快的步伐下坡。如果坡度较陡,应走“之”字形,尽量避免直线上下,以保证安全。

2. 狭小支撑点走

自然环境中狭小支撑点走的特点是支点固定,支点小且大小不一、分布不规则,完成行走需要目测、选择与判断,是体能与技能相结合的项目。行走于狭小支撑点在日常生活中经常遇到,踏石过河、跨过坑洼不平的路面、雨水中踏物行走等,都是人们需要掌握的基本技能。进行锻炼可以培养人们的判断力,发展腿部、踝关节、足弓的力量,提高人的协调、灵敏、平衡能力。

(1)锻炼场地的安排

狭小支撑点走一般是在运动场地上摆放小木块、砖头、石块等进行锻炼,也可在有自然形成的狭小支撑点场地上或在固定的梅花桩上进行锻炼。

(2)技术要求

行走时两臂自然张开维持身体平衡,保持重心稳定,尽量增大脚底与支撑物的接触面,脚着地要稳,重心平稳快速移向支点,适时调整身体平衡。

(3)注意事项

根据学生的实际情况选择难度适宜的场地。教师要确保学生穿着具有防滑功能的鞋进行训练，注意教学与锻炼的安全性。可采用游戏与竞赛的方法提高锻炼效果。

3.“独木桥”走

走“独木桥”可以锻炼人的平衡能力、协调能力以及力量等素质。培养学生具备稳定的心理素质，增强人们克服困难的信心。

(1)锻炼场地的安排

在教学中，可以采用在操场上摆放栏板、走障碍栏架和平衡木、走架起的狭窄木板的方式进行训练。在教学内容选择时，应把人为设置的教学环境与自然环境的“独木桥”相结合，提高学生的锻炼兴趣。

(2)技术要求

在走“独木桥”时，要求学生两臂自然张开保持身体的平衡，将重心放在两腿之间，采取稍有点外“八”字的走法，保持身体平衡，眼看“桥头”或前方1米左右的地方，不要看脚下，确保在每步重心稳定的基础上尽快走过桥去。

(3)注意事项

在走“独木桥”时，心态平静，注意力高度集中，保持重心的稳定性，充分利用上、下肢及全身的协调配合来维持身体的平衡。教学与锻炼中应适时采用游戏与比赛的方法结合进行，有助于教学效果的提高。

4. 雪地行走

对于东北地区的学生而言，雪地行走也许是他们的基本技能，他们从小就习惯了在大雪地行走甚至奔跑。然而对于非出生和生活在东北地区的学生而言，需要专门的训练才能学会。雪地走的特点是对重心的稳定以及身体的平衡能力要求较高，可以很好地提高学生的平衡能力，掌握雪地走技能，有助于提高腿部力量和内脏器官的工作能力，发展协调能力。

(1)技术要求

在雪地中行走时，上体略微前倾，两臂略微外展，用全脚掌着地，两脚左右着地，不应走在一条直线上，保持重心平稳。离地时，前脚掌不要用力向后蹬伸，以防身体重心失去平衡而滑倒，步幅要比正常走路小。若在较厚的雪地中行走，迈步时，上体前倾，两臂摆动幅度要大，大腿高抬，落地时，整个脚几乎垂直下落。

(2)注意事项

在雪地中行走时，充分利用双臂保持身体的平衡。选择有一定硬度和防滑的雪地鞋。可利用雪地的自然环境组织锻炼和教学，组织雪地走的游戏与比赛。

5. 徒步过河

徒步过河是野外活动需要的一种技能，经常锻炼可以发展下肢力量，培养学生的协调性、平衡性、柔韧性，有助于提高其适应外界环境的能力和掌握日常生活的技能。这对于一些即将从事户外作业工作的学生非常必要。

(1)技术要求

在行走过程中，根据水的流速与方向，控制好身体重心。上体保持正直或适度前倾，两臂摆动幅度要大，尽量高抬大腿，减少行走时的阻力。腿下落时全脚着地，要始终保持有一条腿的稳固支撑，维持身体的稳定性。

(2)注意事项

在下水之前，当不清楚河水深浅时，用一根与自己身高差不多的小木棍在前面探路。速度不要过快，走路要稳，避免摔倒。徒步过河教学时，教师要事先勘测地形，根据教学对象和教学目的，选择河水的深浅、流速的快慢、河底的平整状况，应与学生的实际能力和教学的目的相适应，保证教学与锻炼的安全。

6. 越野跑

越野跑是在野外的自然环境中，越过各种地形及山坡、草地、小河、树丛等障碍物的跑步。在野外环境中奔跑，环境优美，空气新鲜，通常用来发展一般耐力，特别是呼吸与心血管系统都将得到较强的锻炼。冬季在室外越野跑能使人增加调节体温的能力，更好地适应气温变化，提高人体对自然界的适应能力。同时，越野跑也能使人意志顽强。

(1)锻炼场地的安排

在进行越野跑的教学与锻炼时，除了在野外自然环境中进行，也可以利用校园、公园或较大的运动场地，设计路线，设置模拟野外情境进行越野跑的教学和锻炼。

(2)技术要求

越野跑时,主要采用身体正直或稍前倾的姿势,身体各部分动作协调配合。跑时,呼吸应有深度且有一定的节奏。注意全程体力分配,有一定的速度感和节奏感。沿道路跑时尽量在平坦的路面上跑进,基本采用中长跑的技术。过草地时,用全脚掌着地,要注意观察地形。有时有些山坡需要穿越,那么上坡跑时注意上体适度前倾,大腿高抬,前脚掌着地,步幅较小,可节省体力。在下坡时则上半身后仰,用脚跟用力。从稍高处跳下时,可用跨步跳的动作,落地时,两腿稍微分开,以便继续跑进。

(3)注意事项

进行越野跑教学与锻炼时,应根据学生的实际教学和锻炼目的,选择跑的环境和路线。越野跑较为艰苦,需要学生具有一定耐力训练的基础。教师应事先对场地进行实地勘察,避免伤害事故,确保学生安全。在越野跑之前,应对学生的着装进行检查,并对越野跑的主要技术进行有针对性的学习与实践,穿越树林时,注意脚下杂物并留意不要被树枝等划伤,并随时用手保护脸部。

7. 台阶跑

在我们生活的环境中,台阶随处可见,利用台阶进行跑的锻炼,能有效地增强腿部力量,提高爆发力和肌肉耐力,提高心肺功能。台阶跑的特点是形式多样,方法简单易行,便于练习与组织,运动负荷较大,但可以根据自身能力和不同的锻炼目的,采用不同高度、宽度和速度的台阶跑。

(1)技术要求

在跑台阶的过程中,上体略微前倾,两臂前后积极摆动,大腿高抬,小腿快速折叠前摆,前脚掌着地,跑时要有一定的节奏。

(2)注意事项

在台阶跑的过程中,要注意上、下肢的协调配合,大腿要高抬,可采用台阶往返跑、追逐跑、定时跑、定量跑、快速跑的教学形式。

8. 障碍跑

进行障碍跑的锻炼有助于提高学生的观察能力、判断力、跑跨能力,培养勇敢果断、克服困难、积极进取的优良品质。

(1)锻炼场地的安排

在运动场或校园里设计障碍跑路线，提出练习要求，进行障碍跑锻炼。

(2)技术要求

跨越障碍物应有适宜的起跨点，起跨腿着地要快，上体前倾，起跨腿蹬地积极有力，上体略前倾，两臂积极配合摆动，摆动腿高抬，两腿分开，落地时，摆动腿大腿积极下压，上体跟上，过障碍后能不停顿地向前跑进。

二、轻体力专业的体能训练

(一)轻体力专业体能训练的特点

高职中有些专业如高铁乘务、酒店管理、文秘等，这些专业的学生毕业后的工作主要以轻体力劳动为主，同时也对外形、气质等有一定的要求，因此，需要专门的培养和训练。为了保持较好的身材和形象，长期进行有氧运动，提高机体的代谢能力，减少脂肪的堆积，从而对保持身材匀称有明显作用。另外，还要加强做提高身体柔韧性、灵活性的训练。

(二)轻体力专业的体能训练

1. 耐力训练

如慢跑和走跑交替项目进行训练。可以在操场、校园或公园中进行。步行时，两眼向前看，挺胸收腹，两臂自由摆动，呼吸自然有节奏，做到轻松愉快。慢跑前要做好充分的热身活动，尤其对膝关节和踝关节做好充分的准备。慢跑时，身体稍前倾，不要低头，目光保持向前，颈部和肩部的肌肉放松。两臂自然摆动，肘关节的屈度略小于直角，做到“前摆不露肘，后摆不露手”。跑动时以前脚掌着地或全脚掌着地。注意步幅不要过大，体力允许可以适当提高步频，自然、协调、放松。注意呼吸节奏，采用 2∶2 呼吸节奏，即两步一吸，两步一呼的呼吸节奏。锻炼时间至少持续30分钟,心率维持在90—140次/分钟,全过程应以一种轻松自如,不至于气喘、气短的强度进行。

2. 灵敏性训练

为了提高学生的反应能力和灵敏性,可以加强乒乓球和羽毛球的练习。乒乓球或者羽毛球可提高手眼协调性,提高颈部肌肉的力量,舒缓久坐或者久站引起的颈肩部、腰部和腿部的肌肉酸痛,增加大小肌肉群的锻炼。乒乓球和羽毛球需至少两名同学一起训练,这又为学生发展人际交往能力提供了机会。

另外,对于女生来说,还可以选择健身操、瑜伽等柔韧性运动项目进行训练,可增加身体的柔韧性。而有氧健身操还可以让女生的形体更优美,达到健身美体的效果。

3. 力量与柔韧的训练

采用间歇法进行快走或者游泳练习,即用较快速度走30秒,然后放慢速度,调整60秒,反复30次,总时间45分钟。或者快速游50米,间歇60秒,反复30次。快走能减轻腰椎负担,并能增强腰椎柔韧性和肌肉力量,能有效缓解和预防因长时间坐立引起的腰痛。游泳特别是蛙泳可以很好地缓解腰部肌肉的僵硬和紧张。

或者可以利用课间在书桌边做健身操:

(1)坐在椅子上,轻缩下巴,将双手手指交叉互握放在后脑勺上,手肘关节尽量往后拉,停留10秒,放松,重复进行。

(2)坐在椅子上,双手往后交握于下背部,双手向后往上伸,使背部拱起,停留10秒,放松,重复5次。

(3)坐在椅子上,身体向前弯,至双手手掌贴在脚背上,停留10秒,放松,重复5次。

(4)坐在椅子上,左脚抬起到椅面高度,以双手抓住左脚踝,停留10秒,放松,换成右脚抬起到椅面高度,以双手抓住右脚脚踝,停留10秒,放松,重复5次。

(5)伸伸腰,站起来,双手轻扶腰间,身体向后仰至有拉到腹肌的感觉为止,停留10秒,放松,重复5次。

4. 爬楼梯训练

爬楼梯训练是很好的有氧训练和下肢的力量训练，上楼时人体前俯，包括手的摆动、跨步，从而能够增强下肢肌肉和韧带的力量，保持下脚关节的灵活性。而且还可以激活人体的心肺功能。爬楼梯能消耗较多的热量，可以有效预防脂肪堆积。爬楼梯时腹部反复用力，使得肠蠕动加剧，能够有效防止便秘发生，促进消化系统的健康。但爬楼梯时，需量力而行，循序渐进，不可鲁莽蛮干，尤其是膝关节、韧带、软组织损伤、有炎症者不适合这一运动项目。

5. 体育舞蹈或木兰拳

体育舞蹈可以改善人体骨骼、肌肉、血液供应及脑细胞的氧气供应能力。提高肌肉力量、韧带柔韧性和关节灵活性。对心理健康的促进作用也十分明显。木兰拳是以气功锻炼的吐纳之道和阴阳二气合理运动为理论依据，动静结合，对腰腿、关节、心脏及失眠等有预防作用，但是需要有专业的教练授课，这对某些高职来说有些挑战，选择体育舞蹈训练也可以达到同样的效果。

第四节　高职不同体质学生健康促进的运动处方

一、对于肥胖体质学生的运动处方

(一)肥胖体质学生的特点

在青少年超重、肥胖率持续增长的情况下，学生的个人身体素质受到严重影响。近年来，我国高职学生体质健康平均水平逐年呈下降趋势，其中最典型的问题就是肥胖。由于不良饮食习惯和缺乏锻炼，再加上青少年代谢旺盛，因此稍不留意就会导致肥胖现象。对此，必须加强训练，并针对这个超重或者肥胖学生群体进行有效的身体训练。

对于超重和肥胖的学生，他们开始不适应高强度的田径运动项目，因为体重原因，无法进行跑步跳跃性练习，可以先从较为舒缓的拉伸类项目开始做起。

(二)肥胖体质学生的运动处方

(1)腰部拉伸：双臂侧平举，手心向上，双脚距离与肩同宽，右臂从头侧面向左，尽量用右手去接触左手。反之亦然。

(2)大腿内部拉伸：双臂抱头，双脚距离与肩同宽，向前弯腰呈 90°极限处停留 10 秒。有些学生腰腹部脂肪严重堆积，如果做不到 90°，则尽可能地接近即可。

(3)大腿和臀部拉伸：直立，右手将右脚向臀部拉近，向前水平伸出左臂，身体略微前倾，目光停留在左手指的延伸方向。可以感觉到右腿大腿前侧的拉伸和左腿掌握平衡时的用力。注意穿防滑鞋进行训练，双腿交替进行练习。

(4)大腿内侧拉伸：右腿单膝跪地，左腿向侧面伸出。双臂向上举，带动上身用力向左侧压腿。学生可以借助瑜伽砖、瑜伽垫等辅助设备，尽量坚持完成动作要求的幅度。

(5)两肋和腰部拉伸：双腿向左侧弯曲呈 90°坐于地板上。双臂弯曲置于脑后，左手从脑后拉住右手向左拉伸。能感觉肋部肌肉拉紧。停留 10 秒，恢复原位。如果学生过胖做不到，可借助毛巾辅助练习。

(6)外侧踝骨拉伸：坐在地上，双腿向前伸出。两脚尖绷直，双臂上举带动上身向前下压，极限处停留 10 秒。

(7)双腿拉伸：站立，双腿向两侧伸出。双臂上举带动上身弯腰向下压，再向左右分别压，手尽量达到脚尖。大体重学生这里可尽力而为。

(8)上臂拉伸：身体呈半躺状态，双臂置于背后支撑身体，双腿合拢，双膝弯曲呈 90°用力使身体向上达到极限。

(9)腿部拉伸：身体平躺在地板上，躺下后，双臂沿地板向上伸出，抬起双腿与地面垂直，左右分开至极限，停留 10 秒，回原位。这几个动作不仅可以做腿部拉伸，还可练习腹部肌肉。

对于肥胖体质的学生来说，应该将饮食和运动同时进行调整，才能收到效果。少吃高热量的食物，多吃蔬菜、蛋白质和高纤维的食材，少喝或者不喝碳酸饮料，只喝白开水。同时配合适当的运动处方，循序渐进，逐渐增加运动的强度和难度。

二、对于力量薄弱体质学生的运动处方

（一）力量薄弱体质学生的特点

造成男生普遍力量素质匮乏的主要原因，还是平时缺乏锻炼，学生们把主要的精力放在专业的学习上，而对体育课没有端正态度，不够重视。另外，现代科技将人体从繁忙的劳动中解放，日常生活中，几乎不需要男生发挥力量的优势，久而久之我们的男同学越发变得羸弱。比如，在以往的生活中，搬煤气罐，或者抬重物上下楼等，都是需要男孩参与的家务活，但是现在生活的便利，一个柔弱的女生独自生活的话，完全没有这方面的困扰，全部可以轻松搞定，可见，男生如果不主动进行体育训练的话，生活中几乎没有锻炼的需要。对于目前大量男生力量薄弱这一现象，高职院校必须引起重视，要制定有针对性的运动处方，加强对学生的力量素质的训练，这样才能够让他们在未来的工作岗位上真正地发挥价值。

（二）力量薄弱体质学生的运动处方

教师应安排学生自行完成进行引体向上、哑铃、推举的日常训练，这些训练较为简单，只要掌握安全原则，可以自由选择训练的时间，因此，体育教师可布置力量训练任务，如每日必须完成 10 个引体向上和 20 个相应重量的推举训练，可以单独进行，也可以小组进行。运动后注意拉伸，做好整理活动。

力量训练要结合耐力训练同时进行。学生可进行退步行走练习。退步走能够改善全身的血液循环，促进新陈代谢。这种运动改变了平日双腿轻松自如的前进习惯，而是要用力挺直，这就使膝关节周围的肌肉

和韧带得到了锻炼。同时,退步走时运动方向要判断,需要掌握平衡,这就锻炼了主管平衡作用的小脑,也提高了身体的灵活性和协调功能。在进行退步走锻炼时要注意姿势,要求立正、挺胸、抬头、目光向前平视,两手自然摆动。锻炼中,教师应给出变速的口令,学生随着教师的信号调整步频。可以穿插进行力量训练,效果更好。

游泳对心肺系统的加强有相当重要的作用。而心肺功能的提升对提高其他身体素质具有决定性意义。通过游泳训练,可以发展学生的全身主要肌群的力量素质、柔韧和灵敏,因此,游泳是一项改善体质的良好选择。而且,冷水的刺激通过热量调节作用与新陈代谢促进血液循环。

(1)400 米间歇训练。教师可带领学生进行 400 米的变速泳练习。训练前,学生先放松游 100 米作为热身。然后听口令,快速游 50 米,休息 60 秒,再快速游 50 米,反复进行直至完成 400 米的训练。

(2)不同泳姿交替训练。通过不同泳姿的交替练习,可以全面发展身体的力量与协调。在教师的指导下,先进行 100 米的蛙泳,然后 100 米自由泳,两种泳姿连贯进行,中间不休息,而且要求学生全速进行练习,完成后休息 2 分钟,重复进行训练。

第七章　高职校园体育文化建设与发展研究

随着素质教育和终身运动的深化和推广，社会和学校对校园体育文化有了更深的认识，意识到校园体育文化不可取代的社会价值和文化作用。我国的高职院校也迎来了新的挑战和机遇。学校对于校园体育文化的建设和发展做出了新的探索。本章，我们将从高职校园体育文化概述、高职校园体育文化建设的意义、高职校园体育文化建设现状分析以及高职校园体育文化建设与发展的策略战略分析和研究，希望对推进高职的校园体育文化建设提供一定的参考价值。

第一节　高职校园体育文化概述

要研究高职校园体育文化的概念，首先应该知道什么是体育文化。体育文化是社会文化的亚文化，校园体育文化属于体育文化的子系统，属于校园文化的重要组成部分。因此，高职校园文化包含了体育文化、校园文化以及社会文化多种属性和特点。通过对体育文化的研究，我们可以对高职校园体育文化有整体的认识和清晰的把握，这是开展高职校园体育文化研究的重要前提。

一、校园体育文化

(一)体育文化

无论是体育文化还是文化，学界并没有形成一个权威的定义，但是体育文化作为文化的一个分支，和文化一样，具有以下几个内涵。

(1)体育与德育、智育、美育都是教育的组成部分。它们是人类社会发展和进步的重要推动力量，共同发挥着不可替代的作用。而体育在人类实现从自然人到社会人的过程中，它逐渐发展成为一种强化人类身体和运动技能的独特的教育手段。

(2)体育是文化的一部分。体育文化是伴随人类发展过程中慢慢形成的一种子文化，体育文化的发展受到历史、人文、政治和科技发展的影响，并形成自身独特的功能和魅力，具有多重的属性和内涵。

(二)校园体育文化

我国的校园体育文化主要是为了增强学生的体质、促进学生身心的健康发展，培养符合社会主义现代化建设需要的建设者和接班人而服务的。校园体育文化包括体育物质文化、体育行为文化、体育制度文化和体育精神文化四种形态。

这四种文化形态共同决定着校园体育文化的发展。体育物质文化是指物质形态的体育表现，比如体育场馆、体育设施、器械等，这些都是最为直观的可以看得见、摸得着的具体客观存在；体育行为文化是关注人的体育行为活动或体育行为方式所表现的内涵，它是校园体育文化运动形式的表达，比如跑步、游泳、打球等都属于体育行为文化的范畴；体育制度文化是以体育制度和体育精神支柱为基础，用于规范校园体育文化的建设；体育精神文化是指在精神层面上引导学生的体育价值观、信念，比如奥林匹克精神、传统体育文化等。

校园体育文化又分为现代校园体育文化和当代校园体育文化，这分别和社会发展进程有关。

1. 现代校园体育文化

现代校园体育文化始于五四新文化运动之后，这一文化思潮引进西方的体育课，取代了当时的兵操内容。这是我国最初的校园体育的形成阶段，直到新中国成立，我国的学校体育教育逐渐确立了以增强学生体质为目标，从此现代的校园体育文化雏形逐渐出现。

2. 当代校园体育文化

我国当代校园体育文化是在发展中国特色的社会主义建设的过程中，国家对体育教育方向的引导的基础上发展的，当代体育文化要求既要发展中华民族传统的体育文化，又要引进国外先进的体育文化，取人所长为己所用，中西结合，发展出具有中国特色的校园体育文化。它具体表现在要树立“健康第一”的教育指导思想，争取为学生的全面发展做好准备，并且在生理上、心理上和社会相适应方面提出具体的要求。同时，校园体育文化还肩负着为推行素质教育而努力的重任。在当代的体育教学中，逐渐降低原来的竞技体育教育的比重，进而推行素质教育。它要求体育教学应更多地关注学生的个性发展，提高人文体育的素养，培养健康人格，增强健身意识和品德修养，协调人际关系和合作精神。

另外，校园体育文化也是培养学生养成终身运动观念的重要途径。校园体育文化的宗旨主要是培养学生的体育精神、体育意识和体育技能，提高学生的体育文化素养，增进学生身心健康，并在此宗旨指导下开展多种多样的校园体育文化活动。校园体育文化为促进学生自由开展体育运动提供了良好的运动条件，这会起到潜移默化的引导作用。

（三）校园体育文化的结构

校园体育文化是一个内涵广泛的复杂系统，有着丰富的构成元素。通常，目前的研究都会把校园体育文化分为物质文化、制度文化和精神文化三个层面。

1. 校园体育物质文化

校园体育物质文化是指学校在体育教学过程中，师生进行体育教学、体育科研以及开展体育活动所需要的所有物质条件和环境，物质文化是校园体育文化的物态形式，是校园体育文化的重要基础。同时，也决定着校园体育制度文化和体育精神文化的存在与发展。同时，校园体育制度文化和校园体育精神文化所创造出的制度和精神成果，包括人文氛围、人际协作和从事体育教育及体育活动所共同信任和遵守的制度，又会对校园物质文化产生积极的影响。

校园物质体育文化包括体育设施如体育馆、运动场地、游泳馆等，还包括体育教学所涉及的仪器设备、体育器材、配套软件，以及与此相关的布局结构等。体育设施是校园体育物质文化的基础要素，一所学校的体育设施情况能够反映学校的经济实力，也反映了学校对体育教学、科研和体育活动的重视程度。

2. 校园体育制度文化

校园体育制度文化是指对校园体育活动和行为进行规范的文化形式。活动规范主要指学校体育活动的规章制度及管理规则，包括教学管理制度、体育科研管理制度、学生业余活动的有关规定，以及对学生的健身锻炼、运动竞赛等的相关规则制度的明确。这些规范性、制度性的校园体育既有显性课程特性，又有隐性课程特性的内容。规章制度是要求大家共同遵守的办事规范和行为准则，对在校园内进行的体育行为具有行政约束力。

校园体育行为方式主要体现为师生和员工的体育习惯、体育风气、体育传统、体育方式、体育活动质量等。校园体育行为文化与校园体育的特色和发展方向紧密相关，并受制于校园文化的影响，这是由于各个学校的类型、规格、办学指导思想、办学条件、师生结构不同，加之各个学校所处的地理位置、环境特征、气候条件差异等，决定了各个学校在建设校园体育文化的整体思路及指导思想方面有所不同。校园体育文化就其建设的基本原则和所蕴含的体育文化的基本要素则是相同的，都应该体现体育文化，特别是校园体育文化质的规定性，不同之处只是在表现形式上、实施方法上及建设的结构和框架上。此外，校园体育制度文化还表现在校园体育艺术文化层面，如体育表演艺术、示范艺术、健身艺术等。

3. 校园体育精神文化

校园体育精神是指师生以校园为主要空间，在校园的体育环境内开展各项体育活动和体育行为的过程中，需要在精神层面具有一定的目标和追求。这些目标和追求有一部分是以校园文化为指导，还有一部分是逐渐形成的价值取向、精神追求、道德情感和思维方式，它直接反映出校园师生的体育道德和意志品质等，是一所学校体育风格的重要体现。校园精神文化的确立需要一定的时间积累，是体育精神、校园精神以及时代精神的有机结合。校园体育精神文化是校园体育开展的精神指向，指导着师生在开展体育运动的过程中，将精神层面也同时得到熏染和升华。校园体育精神文化对学校体育的改革和发展具有积极的促进作用。

二、高职校园体育文化

（一）高职校园体育文化的特点

高职校园体育文化，是在校园体育文化的基础上，根据高职院校自身的教学特点和高职学生学习需要而发展出来的具有一定特色的校园体育文化。高职院校是为国家培养高级技术人才的主要阵地，高职学生是我国社会生产建设的重要力量。高职培养的学生是面向全社会生产第一线的技术骨干力量，与社会经济、文化的发展紧密联合。因此，高职院校的体育文化具有更强的社会适应性内容。同时，高职体育教育与学校的德育、智育也息息相关，共同组成完整的学校教育体系，是培养符合社会需要的合格人才的一项基本内容和基本途径。

（二）高职校园体育文化的组成要素

高职校园体育文化的构成要素决定了它的体育文化发展宗旨。高职校园体育文化的组成要素为体育教学、课外体育活动、运动队的训练和各种形式的体育比赛、晨练和晚练、科学的作息和生活习惯等。

高职院校的体育文化建设，就是以这几个要素为根本进行组织发展。通过体育教学培养学生掌握必要的体育知识和技能，特别是掌握一到两项完整的运动项目技能。课外体育活动是以促进学生自主开展体育锻炼为主要目的，学校应做好体育物质文化的相应工作，从自己的现实情况出发，努力提高学校的体育场馆、运动设施等硬件设施，同时还要做管理和维护工作，以鼓励学生规范、积极地开展体育运动。高职院校经常会举办一些体育竞赛或单项的比赛活动，以促进学校的体育氛围，激发学生的运动兴趣，同时也有助于提高学生对学校的认同感和自豪感，推动学校体育的社会交流。学校还应该鼓励学生开展规律的晨练和晚练活动，并加强健康生活方式的理念熏陶。总之，高职校园体育文化的建设离不开高职院校的自身使命和社会责任感。

第二节　高职校园体育文化建设的意义

一、形成校园体育文化的科学认知

高职校园体育文化更多体现的是服务性和协作性，宏观上服务国家与社会，微观上服务行业与个人，与社会、企业和个人展开分工协作。而校园体育文化在其中扮演着贯穿全程又隐而不露的角色，校园体育文化体现的是学校的文化特质和办学理念，反映出培养的学子所具有的普遍价值观。因此，校园体育文化是与学校的办学、学生的发展以及和社会的协调衔接的重要作用，具有文化旗帜的意义和作用。学校在体现它的服务性的过程中，要促使体育文化对学生学习生活、运动生活以及未来的职业生活的过渡和衔接，形成健康的、科学的文化氛围，力争成为学生的精神寄托。让校园体育文化真正地嵌入学生的日常生活并非一件容易的事，既需要政府与社会积极的引领，提供必要的体育设施，同时也需要社会企业和普通大众的积极配合。学生从校园向社会的发展需要来自各界的支持。而作为高职院校来讲，最重要的是通过校园体育文化的科学性和合理性对学生形成潜移默化的影响。因此，形成校园体育文化的科学认知具有重要的意义。它体现在以下两方面。

(1)在校园体育文化建设中，要以服务学生为宗旨，将体育文化与人民大众的、生活化的文化生活紧密结合，满足各阶层、各领域学生对于体育文化的需求，搞好学生的课余文化活动，定期进行体育文化的宣传与讲演。

(2)在校园体育文化建设中，要结合参与者的实际情况，对其进行文化教育，树立公平竞争、竞赛的价值观，形成对校园体育的科学认知，努力提升自身的基本素养。

二、确立“以人为本”的发展理念

发展和建设高职校园体育文化，体现了以人为本的教育理念。这是因为学生既是校园体育文化的主体，也是校园体育文化的客体。确立“以人为本”的发展战略是促进校园体育文化健康、长远发展的重要举措。“以人为本”理念是我国建设和谐社会的必然要求，回到高职院校这一语境，校园体育文化的发展就是从实现学生的最大利益出发，保障学生在体育文化上享有主人翁的地位。因此，我们要形成科学的价值观，抵制违背校园体育文化本质属性及校园体育文化价值取向的现象。将“人”的价值融入校园体育文化的建设中，纠正校园体育工具性及功利化的观念，真正将校园体育文化看作是每一个学生的生活文化和学习文化，是满足学生全面发展的必要条件。

三、确立全面协调可持续的发展观

促进我国高职校园体育文化繁荣发展是开展校园体育文化建设的重要意义之一。因此，学校必须以全面协调可持续的科学发展观为指导，将体育融入学校的专业发展、品牌发展、文化发展和社会建设中，促进高职校园体育文化成为全社会文化建设的一个重要组成部分。高职院校是社会教育和建设的一个重要组成部分，肩负着不可替代的作用，也是我国社会主义现代化建设的核心力量。因此，高职校园体育文化的建设应该确立全面协调的可持续发展观，要将科学的发展观融入校园体育文化中，建立绿色循环校园体育产业经济模式，既要满足校园自身的要求，也要兼顾师生的个人权益，更要保证输出的体育产品的质量，打造体育产业的品牌文化。另外，还要科学地利用社会资源为校园的体育文化发展提供助力。比如，联合一些相关企业一起组织体育活动、体育赛事，对学校和企业都会产生积极影响。同时还能加强彼此的联系，让学生有更多的机会了解企业，开阔眼界。全面协调可持续的发展观强调人与自然、社会的和谐统一，作为一种特殊领域的社会文化，校园体育文化建设需要提升人们在参与体育事业发展中的道德性，促使其逐步实现制度化、科学化与理性化，并努力发挥体育在促进人与自然和谐共融中的重要作用。

第三节　高职校园体育文化建设现状分析

一、高职体育文化建设的现状

（一）取得阶段性成绩和进步

高职院校的教学与社会发展具有更强、更直接的联动性，直接与社会一线生产相关联。而高职校园体育文化的发展也受到这一特性的影响。学校的体育文化发展以促进学生的学习和发展为核心指导思想，会随着社会的需求而发生相应的变化。高职院校的体育文化发展，近些年来更加趋于现代化，而且也更加重视发展它的娱乐和休闲属性。高职校园体育的现代化体现在对体育场馆、体育设备、场地器材等硬件设施更具时代性和现代性方面。同时，在教育理念上也表现出更加贴近和符合学生的学习需要。校运动队、运动会的发展也更具有影响力，有些还朝着品牌运营的方向做了许多尝试。

高职校园体育文化作为高职校园文化的重要组成部分，它的形成和发展与校园文化建设的优劣有着十分密切的关系。随着改革开放以来我们国家在各个方面的快速发展，我国的高职院校在这四十几年来也取得了令人瞩目的进步。现在的高职校园体育文化发展较为成熟，而且有不少高职院校还摸索出了符合自身特性的独特体育文化，对师生员工的工作和学习起到了重要的积极影响。对于一个现代化高职院校而言，正确的体育价值取向、优良的体育风气、高尚的体育道德规范和积极的体育精神，都是优异的高职院校必须具备的特点。此外，良好的校园体育文化环境，又会对校园文化的整体建设和发展起到积极推动作用，从这个意义上讲，校园文化和校园体育文化具有互动性，两者相互促进，共同发展。

(二)缺乏系统思维和整体构思

我国的高职院校体育文化现状还有很多不足和提升空间。比如,一些学校在专业教学的压力下,对体育教学和体育文化的建设都表现出不同程度的轻视和滞后,导致许多高职学校的体育文化建设不足,影响了校园文化发展不均衡的同时,也制约着学生的体育发展。

随着素质教育的深入发展,我国校园体育文化建设出现了空前的繁荣局面,在这之中,高职院校的体育教育和校园文化发展都取得了令人瞩目的成绩。高职校园体育工作开展得较为突出,体育教学、课外体育锻炼、体育竞赛及高水平运动队的建设都取得了长足进步。对于为国家培养重要技术人才的主要阵地,高职院校对学生的体育教育还包含了大量的社会需求。许多学校更加注重培养学生的体育意识、体育技能、体育道德以及与专业的结合,并且把相关的知识和技能都运用到实际生活中。由于历史和传统教育观念的影响,大部分高职院校还没有把校园体育文化建设成为一项系统工程,从建设校园文化的角度看,还欠缺整体构思和实施,尤其是没有能做到将体育作为一种思维方式、行为方式、生活方式传授给学生,使得校园体育文化建设在校园教育中难以获得应有的地位。

(三)体育精神文化重视不足

就目前来看,高职院校的校园体育文化重在物质文化和制度文化的建设,对精神文化的挖掘还不够全面和深入。发展校园体育文化需要从全面着手,使整个文化体系能够健全、有力、协调地发展才会产生理想的效果。但是,我国高职院校在建设校园体育文化时,更多地将精力和财力放在肉眼可见的物质文化方面,以及对当前的管理能够快速给出回馈的制度文化方面,对于需要更长时间的经营,以及广泛的投入的体育精神文化建设略显敷衍。

在高职校园里,学生们对体育精神的认识还存在较大的偏差。有的学生对体育精神的理解就是“赢者王侯败者寇”这个层面,或者就简单粗暴地将“更高、更快、更强”的竞技体育精神作为学校的体育教学核心精神。还有不少学生仍然认为体育课对于高职学生可有可无,不如把更多的时间让给专业课和实践课。这显然与国家推进的素质教育的初衷不相符。很多学生看不到体育运动背后的价值和意义，对体育运动的认识还仅仅停留在健身减肥的层面。

总之，我国高职院校在开展校园体育文化建设的过程中，还存在一定的问题，工作上还有很多需要补足和改进的地方。学校应该尽快把工作做足做好，要将学生的学习需求与社会的现实需求进行辩证的结合，特别是把校园体育精神文化建设再提高一个台阶。

(四)体育制度文化层较为粗浅

目前，各种传统管理体制下的条条框框束缚较多，特别是沉闷乏味的体育教学及考试评分制度较大地限制了学生体育活动朝个性化方向充分发展，不少体育课外活动流于形式，在体育教师指导下的群众性体育活动的范围狭小，常常只限于少数体育尖子，学生自主建立的体育组织经验尚不足。另外，由于受传统文化、现行教育目标导向及学生学业负担等的综合影响，以体育活动方式达成交往，开放向上的校园体育文化生活更有待强化。

1. 引导痕迹明显

实际上，校园体育文化建设有极强的计划性，绝大多数活动是有周密计划和严密组织的，学校领导对校园体育文化活动是否支持，体育各项规章制度是否完善，是建设和发展校园体育文化的重要因素。

2. 重表面轻本质

高职校园体育文化的建设必须注重内容和形式的辩证统一。但从部分地区以及部分学校的发展情况来看，对校园体育文化建设过于敷衍，很多都是做个表面工作。要么就是照搬其他学校的体育文化制度，将别人的实践结果原封不动地为己所用。但是，校园体育制度文化自身具有一定的适应性和合理性，同样的制度，换了一个环境，可能就不能适应。因此，我们的工作还应该塌下心来认认真真地对待，而不是给领导做的交代而已。这种形式主义的作风，激发不起学校师生参与体育的兴趣和热情，更不能影响师生体育观的转变，因而也达不到营造良好的校园体育文化氛围的目的。

3. 重特色轻多元

部分校园为了突出自身体育方面的成绩，突出抓一两个体育项目，却轻视校园体育文化活动的多样性，这种指导思想极不利于校园体育文化氛围的营造，校园体育文化活动的内容和形式应丰富多彩，这样的校园体育文化才富有生机和活力，师生的个性才有展现的环境，学校也才能创造出具有自己特色的校园体育文化。

（五）体育物质文化建设参差不齐

场馆器材等是校园体育活动的载体。学生的体育兴趣往往来自对场地器材的满足，简单奔跑和机械重复已难以满足青年学生的运动需求。随着市场经济的发展，社会上各种新奇好玩的建设设施和硬件最能吸引青年人的关注。然而反观我们的学校，很多高职还在继续使用几十年前的陈旧设备，自然很难调动学生的锻炼热情。随着学校的扩招，学生人数的激增，加上土地资源的限制及经费投入的不足，我国许多高职校园体育场地器材建设显得相对滞后，已满足不了时代的发展和学校体育的需求。目前，虽然得到部分改善，但整体上还是表现出体育物质建设参差不齐的现状。体育场馆设施的利用率较低，以致许多体育物质设施形同虚设，而“工欲善其事，必先利其器”，离开场地器材的体育运动将成为无源之水，无本之木。因此，学校体育文化物质层面建设应引起各校领导的高度重视。

二、制约高职校园体育文化建设的因素分析

（一）重视程度普遍不足

1. 学校方面认识不够深入

高职院校的学生由于在校学习时间较短，学习安排紧张，压力较大，

在这样的大环境下,学校和学生都会在时间资源有限的条件下,或多或少地轻视对体育文化和体育教学的建设。由于社会竞争激烈,这种焦虑和压力被逐渐渗透到学校,尤其是高职的学生,学校和学生都在努力争取时间,在学生正式进入社会之前,能够做好更充分的准备。因此,对体育教育和体育校园文化的建设有所忽视。另外,我们国家的应试教育影响还比较根深蒂固,长久以来对体育教育的轻视在我国社会是普遍存在的现象,改变起来也需要更多的时间和努力。

随着教育改革的不断深入,高职院校的体育指导思想也在逐渐发生转变。但这种提高和转变更多地还停留在理论层面,在学校管理层还未完全达成共识,至于如何着手实践还在一步步的摸索中。有一部分管理者对体育校园文化的认识还不够深入,仅仅停留在表面,因此体现在具体的工作中就显得比较敷衍,结果势必导致对学校体育文化建设的滞后,这是导致大部分高职院校在校园体育文化建设方面发展不足的重要原因。这种认识上的局限性,使高职校园体育文化的建设失去了应有的推动力,不仅制约着校园体育物质文化的建设,对校园体育制度文化和体育精神文化的建设更是难以提高。

由于认识上的局限,很多高职院校对校园体育文化的建设更多的是形式上的重视,对体育文化建设的困难性、长期性的认识和预估不足,忽略了深层的体育精神文化的建构和体育制度文化的建设。这样带来的结果就是,使校园体育文化建设难以向纵深、高层次方向发展,最终导致了高职校园体育文化简单化和表面化。

因此,高职院校要充分重视校园体育文化对学校发展和人才培养的重要作用,特别是学校领导对校园体育文化的作用要有充分的认识,真正予以重视,将其纳入学校发展的总体规划,使校园体育文化建设成为学校发展的重要内容。

2. 学生方面运动不足是常态

现代社会越来越向着科技化、自动化、智能化的方向发展,无论是对人们的学习、工作还是生活,都带来了巨大的便利。在这样环境下长大的一代,他们习惯了动动手指、打打电话就能解决生活和学习中遇到的大部分问题,而体育运动需要长期地、持续地投入大量的时间和精力,特别是提高身体素质的锻炼,是艰苦的,要克服许多困难,挥洒无数的汗水，除了少数天生热爱运动的学生之外，对于大多数学生而言这似乎都是一个不小的挑战。因此，学生自身的体育运动热情和投入都没有太多的热情，这是基本前提。

就参与学校的各种体育活动和体育健身而言，如果学校还不能提供那么强有力的支持的话，学生的体育意识和体育习惯都很难真正养成，至少需要克服多重挑战或者障碍。目前，大学生与体育的关系存在“三多三少”的现象，即以局外人身份欣赏议论的多，亲自参与的少；被动地应付考试或达标的多，主动长期坚持锻炼的少；关心体育分数的多，追求体育真正价值的少。由此可见，学生还没有认识到体育锻炼的重要性，因此积极参加体育锻炼还没有成为学校学生的自觉行为，更不用说培养终身运动的意识和习惯了。

（二）经济基础普遍薄弱

就广大的高职院校来讲，经济基础的相对薄弱和师资力量的相对匮乏是制约校园体育文化建设的客观因素，也是重要的因素之一。校园体育文化属于上层建筑范畴，经济基础决定着校园体育文化建设的总体水平。校园物质文化建设是校园体育文化建设的基础和前提。我国高职院校是从改革开放之后才正式地大跨步地发展起来，这是和时代背景和社会发展进程息息相关的。改革开放后，我国经济发展迅猛，对高职类院校的需求剧增。国家需要大量的高级专业技术人才投入到生产建设的第一线，这是对高职院校的机遇，同时也是挑战。

由于历史的原因，高职院校的教育经费长期处于得不到满足的状态，尽管在社会发展的推动下，高职院校在各方面都有了瞩目的发展。但是，仍然难以摆脱经费不足的状况，高职院校迎来的是全面的发展，各个方面都需要大量的投入，发展自身的专业特长，培养师资，打造新专业等，而留给体育发展的经费就会少之又少。校园体育文化的建设离不开经济的支持，比如，建设体育物质文化，需要场馆、设施以及先进的设备等，这就需要一笔可观的资金支出，而且为了适应社会的发展和学生的需要，这种支出可能需要持续地进行。而现实情况是，高职校园体育基础设施建设在经费上常常捉襟见肘，部分学校的体育经费仅够维持体育教学的基本开支，硬件环境和物质条件始终处于较低水平，而没有物质基础，空谈校园体育文化的建设是不切实际的。师生没有规范的教学场地或者场馆进行学习，面对老旧甚至残缺的运动设施、设备，在这样的条件下，很难激发学生对体育运动的热爱和兴趣，更谈不上培养运动习惯和运动意识。与此同时，在市场的推动下，社会上体育健身产业得到很好的发展，相比较之下，学校用来体育教学的物质条件远远不如社会上的商业机构。强烈的对比之下，为高职院校发展体育文化建设又增加了新的难度。

但是随着时间的推进，近些年全国高职院校的硬件设施得到了提升，其中包括体育硬件设施和硬件环境，从这一层面上讲，学校体育物质文化建设得到了加强。但是，由于基础过于薄弱，不是一朝一夕就可以弥补的，因此仍然难以解决由学生不断增长的体育文化需要和校园招生规模不断扩大所带来的供需矛盾。

总之，加大体育物质文化建设，仍然是部分校园亟待解决的问题。

(三)教师队伍的能力有待加强

从文化传播学的角度看，信息社会虽然极大地丰富了学生接受体育文化熏陶的渠道，但体育教师作为体育文化传播的使者在校园体育文化建设和文化传播中起着至关重要的作用，然而就目前来看，我们高职的体育教师队伍本身人才匮乏，所能起到的作用十分有限，严重不能满足专业性、全面性、系统性以及与时俱进的能力要求。可以说，体育师资力量的强弱将直接关系到校园体育文化建设的质量。现阶段，高职院校体育师资力量的强弱主要表现在以下几个方面。

(1)体育教师的数量有限。目前，很多高职院校的体育教师队伍不成体系，有相当一部分是通过外聘或者兼职的形式工作的。但是校园招生规模的急剧扩大，让体育教师的队伍显得更加难以承受。没有一支强大的体育教师队伍，也制约了校园体育文化的发展，毕竟，体育教师是发展校园体育文化的主力军。

(2)体育教师质量不强。就目前的情况看，由于我们的社会和教育系统长期对体育教学的重视不足，导致的后果就是各类体育教学人才的培养长期以来也没有得到重视，具体到高职院校的情况就更加令人担忧。部分教师对体育目标的理解狭隘化和低层次化，从而造成了他们对体育文化建设的忽视。

(3)对体育教师的培养不够。对于高职的体育教师来说，职业深造和继续教育的机会非常少，他们长期都得不到学校的重视，自身也处于消极应付的状态，这对个人发展明显不利，对整体的体育教学也是严重的消极因素。高职的体育教师长期因循守旧，缺乏创新精神，缺乏科研意识，业务素质和文化修养未能同步发展，难以跟上现代教育思想发展的步伐，从而造成了他们对校园体育文化建设的漠视。

第四节　高职校园体育文化建设与发展的策略

一、校园体育文化建设的结构

体育文化包含体育物质文化、体育制度文化和体育精神文化三个主要构成，其中又可以细分为体育认识、体育价值、体育道德、体育理想、体育情感和体育制度等方面的内容。自我国的全民健身计划推出以来，对我国学校体育文化的建设产生了深刻的影响，同时也提出了更高的要求和标准。面对当前社会发展形势，以及对素质教育的不断深化，高职院校的体育文化建设应该进行结构化的布局和发展。校园体育文化的发展产生了新的变化，这就要求我们重新思考学校体育文化的建设与发展问题。

高职校园体育文化是以校园为空间，以学生和教师为参与主体，以身体练习为手段，在体育教学、科研、管理过程中共同创造的精神财富和物质财富的总和。在进一步发展校园体育文化之前，有必要对校园文化的组成进行深入的梳理，对发展方向确定出更加具体的、详细的目标。校园体育文化是由体育物质文化、体育制度文化和体育精神文化构成，再细分的话，可以分为以下几个内容。

(1)校园体育物质文化：体育建筑、体育场地、体育设施、体育器材、体育服装、体育用品等。

(2)校园体育制度文化：体育制度、体育规范、体育传统、体育竞赛、体育锻炼、体育教学等。

(3)校园体育精神文化：体育精神、体育风尚、体育知识、体育交流、体育宣传等。

根据这些文化,学校应该再结合自身的实际情况和发展目标,对校园体育文化建设做出长期的发展计划,并成立专门的小组分担不同的责任,将校园体育文化发展切实地发展起来。

我国高职校园体育文化建设,一直跟在普通高校的后面,大面积地效仿普通高校的体育文化建设也许在某个时期是一种智慧的选择。毕竟,高职院校成立时间较短,教育经验以及各项资源都十分有限。但是,随着高职院校的普遍成长,他们与普通院校的区别也越发明显,在体育教育和体育文化建设方面也开始出现明显的分化,长期来看这是进步的表现。应该突出自身的特点,并有意识地吸收其他院校的成功经验,以“创新”和“继承”为主要的体育文化建设理念,从体育物质形态、体育行为活动、体育制度和体育精神等方面拓展具体的学校体育文化建设路径。

二、校园体育文化建设的方向

校园体育文化建设实际上是在挖掘学校体育文化要素的基础上,构建具有自身特色的校园体育文化体系,使其具有明显的可传承特征,进而形成标志性的学校素质教育符号。其目的是提升高职学校的体育价值和文化价值,进而提升学校的品牌价值。因此,对校园体育文化的建设,也是对学校未来发展的一种探索,与学校的定位、实力和未来方向息息相关。发展校园体育文化也是提高学生体育文化素质的过程,在丰富学校的文化氛围、构建学校和谐环境的过程中,也是凝聚学生的力量,为学校体育文化的发展做出每一个人独特的贡献。这是从另一个角度帮助学生发展终身运动目标和终身运动的意识奠定基础。学校体育文化建设的方向主要包括以下四个方面。

(1)构建生动、规范、积极、活跃的学校体育文化形式,建立独特的具有传承意义的学校体育文化体系,包括体育建筑、体育制度、特色体育项目等。

(2)构建可传承的学校体育文化精神,使之成为学生素质教育不可替代的主要价值意义,包括体育代表人物,体育理念,代表体育文化的标志、旗帜、吉祥物等。

(3)构建拓展学校体育文化建设的路径,包括体育文化建设的内容、体育文化建设的方法等。

(4)学校体育文化建设与社会体育实践相融合,包括体育资源的产业化开发、优势体育项目的社会资源合作等。

三、校园体育文化建设的主力

我们在发展校园文化的过程中,会更加关注权力和资源的投入,比如资金的运用和分配,校领导的重视和引导以及教师的实力等,然而,作为校园的主体,学生的力量同样不容忽视。因此,在未来的校园文化建设工作中,应该激发学生群体的参与,将学生作为发展校园文化的主力军。在这个校园学习和生活的每个人,都应该具有校园体育文化建设的责任和义务。通过学校的科学引导,努力使学生成为校园体育文化建设的参与者和社会体育文化的传播者、引领者,以促进全民族体育文化素质的提高。

四、校园体育文化建设的基本策略

开展校园体育文化建设,需要实事求是,一切从实际出发。认识和把握校园体育文化建设的方向,一切从实际出发,创造性地开展工作,努力提高校园体育文化建设的水平,这是加强高职校园体育文化建设的重要指导思想和基本前提。在校园体育文化建设过程中,坚持实事求是,一切从实际出发的原则,主要体现在以下几方面。

(一)方向明确

高职学校在发展校园体育文化之初,首先应该明确自身的发展目标和发展方向,只有这样才能保持少走弯路,提升效率。高职院校所培养的人才应该是德智体美全面发展的社会主义事业的建设者和接班人,在加强校园体育文化建设的过程中,应该把人才培养作为核心目标。校园文化在精神文明建设中起着决定性的地位和作用,同时也指明了校园体育文化建设的性质、方向、任务和目标。作为校园文化的重要组成部分,校园体育文化是社会主义文化的一部分，并始终处于民族文化发展建设的氛围之中。因此，我们的高职校园体育文化应该在反映时代精神的同时，也不忘传承和结合传统文化的使命。在校园体育文化建设的过程中，必须牢牢把握时代的主旋律，坚持先进的文化方向，体现校园体育文化对社会体育文化的辐射和引导作用，积极为社会体育文化的发展做贡献。其中，中华传统文化在其中扮演着重要的角色，会给学生的精神文明发展提供宝贵的源泉，是对每个年轻学子的重要滋养。总之，高职院校在建设校园体育文化的过程中，应该以时代发展为方向，同时以传统文化为根基，与西方现代的体育文化思想和精神相结合，体现和反映时代先进的体育文化理念。

在社会主义市场经济建设和完善中，坚持校园体育文化的方向性，还要做好迎接各种非主流文化及西方资本主义意识形态和思潮对我国校园体育文化的影响和渗透的准备，这些非主流文化的影响和渗透，必然使青年学生的思想观念、思维方式和价值取向受到一定的冲击和影响。近些年来，我国经济发展取得了骄人成绩，在积极促进社会进步和文化发展的同时，也必然受到一定的消极影响，物质主义、享乐主义泛滥，以及近几年在年轻人中十分流行的躺平的价值观，长期来看，这是青年学生的一种负面影响。尽管我们国家几乎实现了小康社会，并努力实现全国脱贫的伟大目标。可是，现在的年轻人还远远不具备躺平的资格。少数青年学生中出现了虚无、颓废等精神倾向，这对个人发展和国家建设都不是积极的现象。因此，应该努力发展体育文化的责任感、使命感和紧迫感。积极引导广大学生树立具有中国特色社会主义的共同理想，树立正确的世界观和科学的人生观和价值观。积极营造健康向上的校园体育文化氛围，形成具有自身特色的校园体育文化，发挥校园体育文化对社会体育文化的辐射和引领作用。

（二）步调统一

所谓的步调统一就是在加强高职校园体育文化建设的过程中，把涵盖在校园体育文化中的诸多因素，看成是既独立存在又相互依存的一个整体，将各个重要因素进行有机的、系统的融合，当然，这可能需要几代校园人的共同努力和长期奋斗才能形成。校园体育文化是由校园体育物质文化、制度文化和精神文化等文化要素构成的。其中，校园体育物质文化是基础，体育制度文化是保证，体育精神文化是核心。三者是相互影响、相互作用的关系。因此，在建设校园体育文化时必须强调它的整体性，单独发展某一个是很难取得真正的成果的。学校应该充分发挥师生和员工的集体力量，调动出所有人的聪明智慧和积极性，加大资金投入和引进，形成优化的校园体育物质环境、科学的校园体育制度文化的机制、高尚的校园体育精神文化氛围，充分发挥校园体育文化的育人作用。

加强校园体育文化建设的整体性，还要处理好校园体育文化建设中各个主体之间的关系。调整师生之间看待彼此的态度和相处方式，即从改善师生关系入手，在充分调动体育教师、学校行政管理者、思想政治工作者积极性的同时，还要注意发挥广大学生在校园体育文化建设过程中的聪明才智，加强师生之间的交流与沟通，创造自由、平等、和谐的校园体育文化氛围。

加强校园体育文化建设的整体性，还要注意调动社会方面的力量，参与校园体育文化建设。在经济全球化的今天，随着我国改革开放的不断深入，学校办学理念、办学方式和办学手段必须跟上时代发展的节拍，在学校体育文化建设方面也要做到这一点。在校园体育为社会服务，引领社会体育文化的同时，学校还要积极吸纳社会上的资金，以补充校园体育文化建设资金不足的问题。此外，高等学校还要发挥体育设施和体育场馆相对良好和健全的优势，在不影响正常教学和师生体育活动的情况下，积极向社会开放，这样既可以吸纳一部分社会资金，又可以为加强校园体育文化建设服务。学校在为社会服务的同时，也为自身的发展和建设注入了活力，创造了条件和机会，这是校园体育文化建设坚持整体性的需要，也是加强校园体育物质基础设施建设的重要手段和有效渠道。

（三）开放与包容

高职学校的校园体育与社会体育文化的发展相衔接，并起到一定的引导和影响作用。这既是时代的要求，也是学生的发展需要。当今世界，由于通信技术的发达，校园的围墙越来越低矮，因此学生对社会的接触比以往任何时候都更加深入和广泛。这同时也对学校提出了更高的要求，即如何引导心智水平和生活能力还没有完全独立的青年学生，让他们能够拥有独自思考的能力和对社会现象能辩证的理解。另外,学生如何主动地适应社会,适应时代带来的各种挑战,这是高职院校必须面对的问题。如果选择闭关自守、抱残守缺、不思进取的观念和做法,那么必然会被社会所淘汰,也影响了对人才的培养,这些都是与时代发展的节拍相悖的。因此,高职院校在校园体育文化建设中,应该坚持开放性和民主性,避免从上而下的大家长作风。学校应该给学生一定的探索空间和试错空间,这样才能让学生真正地成为学校体育文化的建设者和参与者,而不仅仅是被教育者和跟随者。这是时代的要求,也是校园体育文化在建设中对时代发展的一种主动适应。校园体育文化建设坚持开放性,就要积极吸纳多元文化的滋养,并不断进行发展和创新,形成具有自身特点的校园体育文化。校园体育文化的包容性还要求加强校际的联系和交流,在互动中寻求发展,通过互补长短的方式增强自身实力,实现突破和成长。

(四)主导与创新

所谓主导性,就是加强校园体育文化建设的主要目的是为了培养和提高学生的综合能力及素质,贯彻落实党的德智体美全面发展的教育方针,为社会主义现代化建设事业培养和造就人才。努力培养和造就德智体美全面发展的社会主义事业的建设者和接班人。突出校园体育文化的主导性,其中一个重要的内容就是要加强校园体育精神文化的建设。校园体育精神文化,是主导校园体育文化发展的最高目标,需要长期的探索和实践才能逐渐完成。这样建立起来的校园体育精神文化,一定是随着社会的进步而不断充实和发展起来的,它具有自身的生命属性。

创新性是指校园体育精神文化建设要做到与时俱进,不断进行开拓与创新。高职院校的领导和师生应该具有长远的发展眼光,敢于前行,敢于否定不适合当前发展的旧的体育文化,包括体育物质文化、体育制度文化和体育精神文化。加强校园体育精神文化建设的意义就在于,校园体育文化精神融汇着民族体育文化的精髓,体现着时代发展和进步的特点,反映着校园体育文化的个性特征。校园体育精神文化渗透和蕴含于校园领域内的各种体育文化载体及行为主体的身上,校园体育文化精神无时无刻不使校园人深切地感受到它的存在,它所投射出的具有体育独特性的魅力和体育的感染力、凝聚力和震撼力对校园人产生着强烈的影响，它是校园人趋同性的心理特征和价值取向的具体组成。

（五）改革与发展

经过多年的摸索，我国高职学校体育文化建设进入了深化改革的阶段，包括体育课内容的改革、体育课形式的改革、体育教学理念的改革，学校体育组织的改革、学校体育科研团队的发展。

1. 体育课内容的改革

基本抛弃了竞技意味浓厚且带有一定危险性的体育项目，如铅球、单双杠等体育科目。增加了趣味和传统的体育项目，如舞蹈、太极、网球、高尔夫、滑冰、游泳、极限越野等。

2. 体育课形式的改革

形成了普修课、选修课、选项课相结合的体育课形式。还有的学校形成了以体育俱乐部为主的体育教学模式。

3. 体育教学理念的改革

学校体育理念以学生的学习和锻炼为中心，树立了“健康第一”的思想，抛弃了竞技体育的教学观念，有助于学生培养终身体育意识，养成良好的锻炼身体的习惯，提高体育锻炼能力和体育组织能力。同时，学校体育理念更加注重体育文化、卫生保健知识的传播，以提高学生全面的体育文化修养。许多大学也提出了代表自身体育理念的口号，如北京大学提出“一拳、一操、一游泳”，同济大学提出“学生为主体、培养能力为中心，课内课外相结合，重视锻炼方法”。

4. 学校体育组织的改革

学校体育组织的改革主要体现在学校体育俱乐部、体育协会、体育社团等体育组织的出现。学校为这类体育组织提供场地、器材等硬性资源，学校也会根据自身的情况，为学生提供教师指导，或者通过与社会企业合作，进行引资助学和外聘教练等，学生可以自愿选择喜欢的俱乐部或协会参加活动，利用业余时间进行体育锻炼。还有的学生在教师的指导下进行训练，并参加体育比赛。

5. 学校体育科研团队的发展

学校体育改革要求学校体育管理部门，不仅要面对日常的体育课教学，还要组建学校体育科研团队，加速体育科研向纵深、横向两个方面发展，解决体育科学中的重大问题，建设特色的学校体育学科、培养出色的学科带头人。学校体育科研团队也是体育科研与社会实践相结合的桥梁。目前，我国大学体育科研团队的建设比较普遍，其中比较成功的有特色的大学体育科研团队有清华大学体育与健康科学研究中心、北京大学体育科学研究所、北京大学中国体育产业研究中心、华东理工大学体育经济理论研究所等。

第八章 高职体育的多元化发展路径探索

随着高职体育的不断深入改革，高职体育的发展越来越具有鲜明的时代特性，呈现出多元化趋势，如在全民健身背景下的大众化趋势、市场经济背景下的产业化趋势、校企合作视域下的校企体育互动发展趋势以及耦合理论下与社区体育、家庭体育的一体化趋势等。探索高职体育多元化发展方向和有效发展策略，对提升高职体育改革效果与发展水平具有重要意义。

第一节 高职体育的大众化发展

高职体育和社会体育都是全民健身系统的重要组成部分，二者密切联系，彼此渗透，相辅相成。在全民健身背景下，对高职体育教育的结构进行全面优化，对高职体育优势资源进行高度整合，使其与社会体育的发展保持同步，对进一步发展高职体育，推进全民健身计划具有重要意义。高职体育的大众化发展要求其主动适应社会，为大众服务，呈现出崭新的面貌。本节对高职体育的大众化发展进行探讨，先分析高职体育与大众体育的关系以及高职体育大众化发展的影响因素，然后结合全民健身背景提出促进高职体育大众化发展的建议。

一、高职体育与大众体育的关系

广义的体育范畴包含竞技体育、大众体育和学校体育，学校体育中位于最高阶段和层次的是高校体育。高职体育是高校体育的一部分，所以说高职体育和大众体育都包含于广义体育的概念中。

广大人民群众、全体社会成员是大众体育的参与主体，高职学生也是社会成员之一，他们是未来大众体育参与主体的一部分。从我国大众体育的发展历史来看，很多大众体育项目的兴起、推广和传播都与学校有很大的关系，通常先在学校开展，然后向社会传播。大学生处于青春发育后期和青年期，身心发展不断成熟，是自我完善和社会化发展的最佳阶段。要将学校体育和社会体育紧密连接，就要充分发挥大学生作为主力军的作用。大学生的体育素养、高校体育的教学质量等都会对大众体育的发展产生重要影响。

总之，高职体育与大众体育关系密切，探索高职体育的大众化发展以及高职体育与大众体育的协调发展对深化高职体育改革、提高高职体育的对外开放水平具有重要意义。

二、高职体育大众化发展的影响因素

(一)观念落后

近年来，我国努力推进素质教育，要求培养德智体美全面发展的学生。但根深蒂固的应试教育理念对学校教育、家庭教育的影响依然很大，很多学校甚至是高校依然存在着“重文轻武”的落后思想。一些高职院校的大学生缺乏正确的健康观和体育观，特别是缺乏终身体育观，运动兴趣低下，体育知识结构单一，运动能力差，运动习惯尚未形成。

为了改进高职体育教育现状，提升大学生的体质健康水平，培养大学生的运动兴趣爱好，院校提出充分尊重学生的主体性，实行自主选课方针和教学模式，但因为高职体育教学环境不成熟，教学条件限制，导致这一方针和模式的贯彻不彻底、操作不顺利，体育教师做不到因材施教，学生也缺乏学习的主动性，课外参与体育运动的积极性不高，学生的体质健康状况令人担忧。

思想观念直接影响人的行动，高职院校对素质教育、终身体育等现代体育教育观念的理解不深刻、落实不彻底，导致高职体育的大众化发展受到严重影响。

(二)高职体育与大众体育之间隐含矛盾冲突

高职体育与大众体育之间存在一些隐性的矛盾冲突,如高职体育课程的教育目标、教育内容、教育评价都是明确的,高职院校大学生处在接受教育的较高层次和阶段,文化程度、智商水平、身心发展水平都比较高,高职体育课程必然与各方面逐渐发展成熟的教育对象相匹配。

然而,大众体育的参与主体是全体社会成员,参与人员范围广,结构复杂,所以大众体育的内容非常丰富,并且有不同层次的目标和多样化的评价机制来适应不同主体的需求。

综上对比分析,高职体育与大众体育之间有着明显的区别,这是其隐含矛盾的主要原因。

(三)高职体育资源的对外开放存在问题

高职体育和中小学体育相比具有明显的对外开放性。随着高职教育的不断发展,高职院校逐渐打破封闭的教育格局,实行开放政策,延伸体育教育功能,产生了良好的辐射效能。但高职体育的对外发展也存在诸多问题,主要如下。

第一,高职院校难以突破传统的自我服务观念、封闭管理观念,缺少开放性的对外宣传。

第二,一些高职院校的体育资源本身就比较少,而且存在质量问题,所以不具备对外开放的条件。

第三,高职院校中面向社会部分开放或完全开放的一些体育资源缺乏常规管理和安全管理,造成了严重的损耗和浪费。

三、全民健身背景下高职体育大众化发展策略研究

(一)高职体育课堂教学的大众化改革

高职体育教学是高职体育的重要组织形式,在全民健身背景下推动

高职体育大众化发展，首先要从高职体育教学改革入手，通过课堂教学的大众化改革培养学生的文化素养，增加高职体育辐射效应的层次与维度，提升高职体育的发展水平。

高职体育课堂教学的大众化改革策略如下。

第一，对高职体育课堂教学内容进行生活化、社会化改造，或将生活化、社会化的体育内容引进高职体育课堂。设计一些能够方便学生自己学练的体育教学内容，论述这些内容的相关理论，说明它们的具体操作方法，使学生在课后也能自己预习或复习，自主学习，养成良好的运动习惯，为形成终身体育意识和参与习惯打好基础。

第二，将文化类内容纳入高职体育课堂教学内容体系中，完善学生的体育知识结构，提升学生的体育文化素养。

第三，推动从课堂体育教学向课后体育活动的延伸与拓展，开展丰富的课外体育活动，如体育竞赛、校运会、俱乐部或社团活动等，构建课内外一体化的教育模式。

第四，向高职院校大学生的日常生活方式渗透，根据现代大学生的生活和学习特点，结合信息化和科技化背景对先进的教育内容进行设置，设计现代化的教学方法与手段。

（二）高职体育课程结构和组织形式的综合化改革

高校体育在学校体育和社会体育之间起到承上启下的作用，在高职体育课程结构、组织形式以及课程内容的设置中，既要在中小学体育课程设置的基础上有所提升，又要与社会体育紧密相连，从社会体育中提取素材纳入高职体育课程中。作为从学校体育过渡到社会体育的最后一个阶段，高校体育理应发挥承上启下的作用，高职院校大学生作为未来社会体育的参与主体之一，在高校教育阶段要特别重视体育思想的培养和体育行为习惯的塑造，同时要结合未来所从事的职业意向而选取恰当的体育学习内容，为将来参加社会体育和适应职业环境打好基础。

为了促进高职体育教育普及化和个性化程度的提升，满足高职体育教育社会化改革的需求，高职院校应创建社会化的体育教育环境，使学生在接近社会环境的氛围下进行体育锻炼，在社会化的体育环境中掌握体育知识和运动技能，学生竞争与合作，提升社交能力。

(三)完善高职体育教学评价机制

在高职体育教学改革中，对大学生体育教育评价机制进行完善，在考评指标体系中纳入能够反映大学生课余体育锻炼情况和大众体育能力等方面的指标，从而综合评价大学生的体育文化素养、体育参与过程和体育锻炼效果，同时对大学生的体育组织能力、参与能力等进行评价，使大学生将来在大众体育发展中发挥自身价值、做出贡献。

(四)加强高职体育网络信息平台的构建

将高职院校的体育资源充分利用起来，并在现代信息技术背景下充分发挥高校网络教学优势，对高职体育网络信息平台加以构建，借助平台设置一些有针对性的栏目，如设计大众体育栏目，以健身锻炼为核心内容；设置体育论坛栏目，以运动经验交流为主；设置答疑服务栏目，以解决学生的保健问题为主；等等。

在体育网络信息平台的构建中，要将文字、图片、音乐、视频、动画等素材有机结合起来，使平台内容生动形象，吸引学生的注意力，提升学生的浏览兴趣。

(五)构建高职公共体育服务体系

在公共体育服务体系的构建中，作为非政府性质的公共服务机构，高职院校占据重要的地位，发挥着举足轻重的作用。之所以如此，是因为高职院校的公共体育服务资源丰富，体育训练制度丰富，下面具体分析高职院校的这两大优势。

1. 公共体育服务资源丰富

高职院校拥有丰富的公共体育服务资源，如体育设备丰富而先进，体育科技科学精湛，体育人力资源质量好，体育信息具有实时性等，这对高职院校来说可谓得天独厚的优势。

下面简单分析高职体育发展中的几个优势资源。

(1)体育设施

高职院校体育设施丰富,并向社会开放,为社会大众服务,通过资源共享解决社会公共体育服务资源不足的现状。

(2)体育教员

高职院校体育教员的专业水平高,有丰富的指导经验,能够为社会成员参加大众体育活动提供科学的建议、先进的方法,并能根据不同社会成员的实际情况而设计运动处方。

(3)体育信息

高职院校获取体育信息比较及时,能够在公共体育服务中向大众提供最新体育资讯,满足大众对了解体育信息的需要。

2. 体育训练制度规范

高职院校的体育训练制度越来越完善,训练水平越来越高,比赛成绩也越来越好,这对完善公共体育服务体系,规范大学生将来参与社会体育的行为举止,促进大众体育的健康化、规范化发展以及营造全民健身的阳光氛围具有重要意义。

第二节　高职体育的产业化发展

在市场经济背景下,在我国体育事业的发展中越来越重视体育产业的发展,产业化成为我国体育事业发展的重要趋势之一。在我国体育制度改革中也以体育产业制度改革为主,可见体育产业非常受重视。高职体育作为我国体育事业的一个重要组成部分,也要与体育事业的发展方向保持一致,积极进行产业化改革,实现产业化发展目标。

一、高职体育产业化的重要意义

高职院校体育产业化就是以体育市场为向导,遵循市场规律,将学校体育资源有效利用形成有投入有产出的完整产业市场系统，实现学校体育经济效益与社会效益双丰收的过程。

在社会主义市场经济条件下，高职体育产业化具有重要作用，具体表现在以下几方面。

第一，高职体育产业化能够在很大程度上激发体育组织方和供给方的积极参与，并确保自身盈利。

第二，高职体育产业化能够扩大体育的再生功能，确保高职体育行业健康稳定发展，增强高职体育的活力，提升高职经济效益。

第三，教育行业创造产值较大，因此高职体育产业在体育产业中占据重要地位，并为其他体育产业的发展奠定了基础，总体推动了体育产业的可持续发展。

第四，高职体育产业的发展促进了高职体育物质环境的完善，并能培养体育工作者的经营管理能力。

第五，通过发展高职体育产业，能够引导学生树立正确的体育消费观念，培养学生良好的消费行为习惯。

二、高职体育产业化发展的影响因素分析

高职教育本身具有非营利性、服务性，高职体育是在教育环境下进行产业化改革发展的，因而也属于教育的范畴，它不同于其他类型的体育产业，很少与市场结合，而且产业体制、场馆经营方式等与社会体育产业的模式不同，因此高职体育在产业化发展中面临诸多困境，主要表现出以下几个方面的问题。

（一）产业化观念较弱，理论指导缺失

高职体育在长期的发展中形成了较为完善的教育机制，政府与社会十分认可高职体育教育的服务性、公益性和教育性，但没有充分认识高职体育的产业性和高职体育产业化发展的重要性。一些高职院校的领导缺少体育产业化观念，对体育教育的公益性和服务性过分强调，而对体育产业化发展非常漠视，往往只停留在顶级思想层次思考高职体育的服务性发展。当前，我国高职体育产业化发展落后的局面与高职领导缺

乏强烈的产业化观念有直接的关系。

我国竞技体育、群众体育的产业化发展均取得了一定的成果,但对高校而言,体育产业化属于新兴事物,缺乏理论指导和实践检验,发展经验匮乏,因而对高职院校的体育产业化发展造成严重的制约。

(二)缺少政府的大力支持

政府支持是高职体育产业发展的重要保障。但当前我国关于高校体育产业发展的法规政策较少,政府对高职体育产业发展的经费投入也少,从而导致高职体育产业发展缓慢。

(三)市场运作环境不成熟

高职院校必须以市场为导向来发展体育产业,这是高职体育产业可持续发展的前提条件。但是由于传统观念的影响,很多高职院校对本校体育的市场化运作、商业化宣传、企业化管理等都不太重视,依旧在学校内部求发展,导致学校体育资源无法进入社会和市场。

此外,在高职体育产业市场的开发中,开拓能力不足,创新能力薄弱,也缺乏对产业结构要素的科学配置和合理优化,没有做到以市场规则为基础去设计市场化运行机制,导致高职体育产业化发展困难重重,面临诸多难以调和的矛盾。

(四)产业化形式单一

高职体育资源比较丰富,表现在体育场地设施、体育师资、体育科研、体育信息等多个方面。利用这些丰富的资源可以开发很多体育产业,如体育用品业、体育培训业、体育竞赛产业等。然而,当前高职院校体育产业化形式单一,并没有形成多个体育产业百花齐放的格局。造成这一后果的主要原因如下。

第一,高职院校体育工作者的体育产业意识薄弱,忽视了面向社会对学校体育资源的深入开发,导致体育资源没有得到充分利用,资源的经济价值和社会价值得不到发挥。

第二,高职院校体育的运行和管理机制相对封闭,局限于高职院校范围内，缺乏与外界的广泛交流与合作，高校面向社会的体育功能没有得到应有的发挥。

第三，高职院校在体育产业开发过程中涉猎的领域比较狭窄，涉猎开发体育用品、体育无形资产和体育培训的高职院校并不多。

（五）缺乏专业经营管理人才

在传统教育观念的影响下，高职院校在体育产业化发展中常常忽视培养和引进擅长经营管理的专业体育人才，高职院校的体育工作者虽然有高学历、高职称，知识水平高，指导经验丰富，但对体育产业的经营管理理论与方法知之甚少，甚至完全不知，无法合理规划布局体育产业的发展路线和前景。专业经营管理人才的缺乏导致高职体育产业管理缺失，管理成效低，制约了高职体育的产业化发展。

三、促进高职体育产业化发展的重要策略

（一）树立产业化发展观念，注重理论指导

随着社会主义市场经济的改革与完善，我国体育产业的市场化水平越来越高，体育产业化发展进程不断加快，体育产业作为体育事业的重要组成部分之一，其快速发展有效促进了我国体育事业的繁荣发展。高职体育的产业化发展非常有必要，它是推进我国体育产业和体育事业不断向前发展的重要环节，因此高职领导必须树立产业化发展理念，为高职体育成功开辟一条产业化之路。

高职院校要在体育产业化发展的大背景下对本校体育产业的发展进行统筹规划，在体育产业化发展理念下积极开发体育产业，推进学校体育产业化发展进程，提升产业化水平，实现良好的经济效益和社会效益，改善学校体育经费不足的现状。

高职院校体育产业化发展离不开科学理论的指导，鉴于我国高职体育产业化理论体系尚未形成，我国应积极对体育发达国家高校体育产业理论进行学习与借鉴，并从我国国情、高职体育现状等现实出发研究适

用于我国高校体育产业发展的科学理论，从而为我国高职体育产业化发展提供正确指引和科学指导。

（二）充分发挥高职体育的主要优势

高职体育本身的优势是开发高职体育产业的重要条件，充分发挥这些优势对提升高职体育产业化水平具有重要意义。

第一，高职体育物质资源丰富，硬件环境较好，如拥有专业的体育场馆和比较丰富的体育器材设备，利用这些物质资源开发竞赛、租赁等体育产业是行之有效的。

第二，高职院校聚集着素质较高的体育人才，如体育教师、教练员的专业化水平较高，在体育教学、体育科研、体育训练等方面取得了一定的工作成果，利用优秀的人才资源开发培训也具有重要意义。

第三，高职院校的体育信息资源比较丰富，不管是获取体育信息，还是传播与利用体育信息，都有一定的渠道，效率较高，利用这一优势开发体育传播业、咨询服务业是比较可行的。

总之，在高职体育产业化发展中充分发挥高职院校体育资源的优势，能够满足学校本身和社会的多元体育需求。

（三）政府在政策上提供大力支持

为顺利推进高职体育产业化发展，政府应该在下列几个方面提供强有力的支持。

第一，政府部门积极制定产业政策法规，引导高校体育产业，促使其稳定发展。

第二，适当加大对高职体育的投资力度，为高职体育产业化发展提供稳定的资金支持。

第三，政府部门适度提供减免税收的优惠政策，鼓励体育用品企业给高职院校资助体育器材和设施。

（四）积极开发体育市场，培养优秀的产业化管理人才

有需求就有市场，有市场就会形成产业。产业的发展依托市场的开

发。高职体育产业的发展也需要开发市场。高职院校有优秀的人力资源和丰富的体育设施资源，可以充分利用优势资源开发市场，以学校为中心，社会为依托，深挖体育市场，争取商业赞助和企业投资，加大体育培训、体育指导、体育康复、体育俱乐部等产业的开发。[①]

高职体育产业化发展离不开专业人才进行市场规划、市场运作。因此，必须大力发掘高职体育系统内部的管理人才，或引进系统外专业人士，同时加强体育产业管理方面的培训，与经管等相关专业融合培养互补型人才，解决高职体育产业经营管理人才缺乏的问题。

第三节　高职体育与企业体育的互动发展

体育是企业物质文化、形象文化的重要组成部分，一些企业为谋求更好的发展，会致力于培养同时具有体育专长和技术能力的人才。而高职学生未来就业不仅需要有健康的身体，还要有良好的技术能力，这就为高职体育和企业体育的互动发展提供了可能。高职院校应利用现有体育资源，开展常规体育教学之外的培训活动，培训既有健康体魄又有专业技术能力的人才，企业也可以利用高职院校的资源开展体育活动和比赛，与高职体育融合互动，共同发展。

一、校企合作

随着教育的深入改革与发展，为社会培养高素质技术应用型和技能型人才的高职教育的地位越来越受重视，高职教育的发展丰富和完善了中国特色高等教育体系，推动了我国高等教育目标的实现。

高职教育的蓬勃发展有利于促进社会的进步，满足社会对高技术应用型人才的需求；有利于解决社会人才结构不合理的问题，实现人才培养的多样化；还有利于缓解大学生的就业压力。

① 孙蕊，张军．有关高校体育产业化的思考[J]．现代营销(下旬刊)，2018(6)：80-81.

企业是现代经济社会的基本构成单位，能够整合、利用现有资源，创造出可观的经济效益。体育是现代社会生活中的重要现象，随着体育事业的发展和社会的进步，体育与人们的生活联系得越来越紧密。企业为了增强员工竞争协作意识，提升团队凝聚力，越来越重视企业体育队伍的组建，从而使高职教育与企业体育也建立了密切的联系。

校企合作是职业学校与企业联合的职业教育培训模式，是目前职业教育中前景非常广阔的一种人才培养模式，该模式汲取了学校模式和企业模式的优点，能够调动各方面的教育积极性，使学校与企业互通有无，使理论与实际的联系更加密切，使职业教育根据社会需求培养人才，促进人才培养与需求的紧密结合。①

二、高职体育与企业体育的互动内容

(一)人员互动

高职体育和企业体育都有自己的特色内容，高职院校可以根据企业的需要选取体育项目，改进体育课程设置，为企业培养有体育专长的技术人才。此外，企业也可以与高职院校进行长期合作，邀请高职体育教师为企业员工进行培训，使员工能够积极参与企业精神文明建设，在提升自身体质的同时促进企业凝聚力的增强。

(二)资源互动

高职院校的体育场馆、器材设备等基础设施相对较为丰富，在满足体育课程教学需求的同时，还可以满足周边社区、企事业单位举办体育活动的需求，为企业提供基础设施资源，组织企业员工体质测评，有针对性地为企业员工开具运动处方，促进企业员工的健康。

此外，高职院校可以推荐体育骨干辅助教师共同参与到为企业服务的工作中，为学生提供实践机会，使学生获得锻炼。

① 叶鹰等．论构建高职体育与企业体育一体化课程教学体系[J]．哈尔滨职业技术学院学报，2013(2)：28-29.

（三）文化互动

企业体育文化在企业经济发展和企业文化建设中发挥重要作用，能够让员工迅速融入企业环境中。将高职体育文化与企业体育文化相融合，能够使学生更加明确学习体育技能的目的，培养学生的适应能力，达到现代企业对员工的要求，并在将来就业后为企业注入活力。

企业文化集中体现了企业经营管理的核心主张以及由此产生的组织行为。企业体育文化能够反映企业精神和团体意识。高职院校为企业输送专业人才时贯彻优中选优的原则，最终被选中的人才能够将先进思想理念带入企业，促进企业发展，并将成为企业的体育骨干，在企业体育文化建设中起到模范带头作用，带动企业体育的积极开展。

三、高职体育与企业体育一体化教学体系的构建

高职体育教育具有职业性，要在职业导向下进行体育课程建设和体育教学改革。为突出高职体育的职业性，需要在企业资金的支持下，融合企业体育元素，进一步加强高职体育课程教学建设，围绕企业对高技能人才的要求健全与完善体育教学体系，构建以就业为导向，以高职体育与企业体育合作互动为基础，以学生为中心，以企业为载体，以发展学生体育技能、专业能力为本位，以企业岗位需要和企业标准为依据，理论教学与体育技能融会贯通的新体育教学课程，满足学生职业发展的需求，适应社会经济发展的需要。①

（一）围绕专业特点进行教学

高职院校要从高职教育宗旨和特点出发，以学校培养目标和企业任职要求为依据，以有关职业资格标准为参照，积极构建既对学生身心发展有益，又能满足未来职业岗位要求的体育课程体系，使学生的身体素

① 王松涛，孟军．构建高职体育与企业体育一体化课程教学体系[J]．当代职业教育，2013(9)：29-31＋25.

质和运动技能既满足当前发展的需要，也满足未来职业的要求。

高职院校要有意识地围绕专业特点而选择恰当的教学内容，使体育教学内容与不同专业学生的专业技能要求、未来职业岗位的体能要求及胜任能力挂钩。

例如，土木系学生将来的就业方向和建筑物有关，如在脚手架上工作，该工作对从业者的体能要求是基本活动能力好（善于攀爬）、高空平衡能力强（能够在悬垂状态下稳定支撑），鉴于此，应该将平衡木练习、肋木练习、单双杠练习等内容融入该专业学生的体育教学中，对他们的基本活动能力、高空平衡能力进行培养。

再如，机电专业的学生将来会从事一些劳动强度比较大的职业，如钳工、车工、铸造工等，这要求他们肌肉力量强、身体协调能力好，并善于操控手中的工具，从职业体能要求出发，应将轻器械练习、肌肉力量练习、协调性练习等内容纳入体育教学内容体系中，有针对性地培养学生的体能素质，为未来就业做好体能准备。

（二）强化岗位实践培训

高职学生将来工作后的岗位胜任力与其在校期间参与的岗位实践培训息息相关，岗前实践培训对高职学生来说至关重要。因此，高职院校要主动与企业建立合作关系，为学生争取良好的实践机会。

高职体育和企业体育各有特色和优势资源，二者可以将合作的着眼点放在资源互补、共享上，并在体育实践活动中根据双方实际需要互相提供帮助。为促进高职体育与职业体育的人员互动，高职院校应采取有效措施培养能够满足企业发展之需的体育人才，同时，企业也要主动邀请高职专业体育教师或教练员为企业员工的体能测试、体育锻炼进行科学指导，促进员工体质的改善、劳动能力的提升以及企业内部凝聚力的增强，最终促进企业的发展和效益的提升。

高职院校在体育教学改革中，应该从学生将来的职业方向出发，将企业体育人才培训的相关内容穿插到学校体育教学内容中，并定期组织学生到企业单位参观和实践，学生则要把握好每一次实践机会。

(三)实施模拟性教学

企业为高职学生提供的岗位实习机会毕竟是有限的,而且学生所学知识与技能未必都能在岗位实习过程中用到,这会影响岗位实习的效果,同时也会影响对学生岗位胜任能力的培养效果。为了保证学生将来在职业岗位上能迅速融入和适应环境,提高学生的岗位工作效率和质量,高职院校应结合岗位技能实施模拟性体育教学。

例如,模仿劳动现场进行体育教学环境设计,模仿劳动技能来实施体育教学内容,在具体实践中,可以号召学生把学校操场布置成仿真劳动场地,要求学生在劳动场地的不同位置和高度进行训练。这样不仅能够活跃教学氛围,使学生强身健体,还能对学生的劳动意识与技能进行有效培养,使学生通过身临其境的体验对将来工作的环境、技能内容有所了解,提前适应岗位环境。

(四)完善考核机制

要保证高职体育与企业体育一体化教学质量,就要加强对一体化教学的监督管理与评价。监督管理侧重于对一体化教学过程的监控,评价侧重于对一体化教学结果的检查。通过全面有效的过程监控和结果评价,能够使一体化教学效果得到更好的保障。

在以过程监控与结果评价为两大主体的一体化教学考核中,要从内部和外部两个方面实施监督和评价。

1. 内部监督评价

在内部监督评价机制中,教师要根据实际情况设计评价内容、标准和形式,通过监督评价,及时获取信息反馈,对学生的学习成果进行考核,促进教学质量的改善。

2. 外部监督评价

在外部监督评价中,高职体育主管部门要根据相关文件规定对一体化教学的运行过程进行监控,对教学问题进行检查,促进体育教学方向的规范化,使高职体育与企业体育的一体化教学少走弯路。

第四节　高职体育与家庭体育、社区体育的一体化发展

一直以来,我国强调合作教育的价值,学校、家庭、社会合作办教育是我国教育事业发展的趋势。在人类终身体育意识的培养中,学校体育、家庭体育和社会体育是三种最基本的培养形式和途径,三者既相对独立,又互相联系,既各有优势、独具特色、存在差异,又有相通性,在共性和个性共存的条件下逐步形成一体化发展模式。在高职体育教育中实施高职体育、家庭体育和社区体育的一体化模式,建立一体化发展的长效机制,是对当前我国高职体育改革的理论探索,既继承了高职体育发展中的优秀传统思想,又面对社会现代化建设中高职体育的新特点、新趋势和新问题而提出了针对性的改革策略。

一、家庭体育与社区体育概述

(一)家庭体育

家庭体育是一人或多人在家庭生活中自愿或者通过安排而参与的,以身体练习为基本手段,以获得基本运动知识技能、满足兴趣爱好、丰富家庭生活、达到休闲娱乐、实现强身健体和促进家庭稳定为主要目的教育过程和文化活动。[①] 家庭体育是社会体育的一种形式,社会是由无数个家庭组织起来的,所以家庭体育的开展推动着社区体育的发展。

家庭体育是人们养成良好品质和形成终身体育意识的重要手段,是人们休闲娱乐的现代生活方式之一。家庭体育是一个比较复杂的系统,包含诸多显性因素与隐性因素,如图 8-1 所示。了解家庭体育的结构因

---

① 卢元镇．社会体育导论[M]．北京:高等教育出版社,2004:36.

素，能够更好地了解家庭体育发展的影响因素，从而优化内在因素，促进家庭体育的进一步发展。

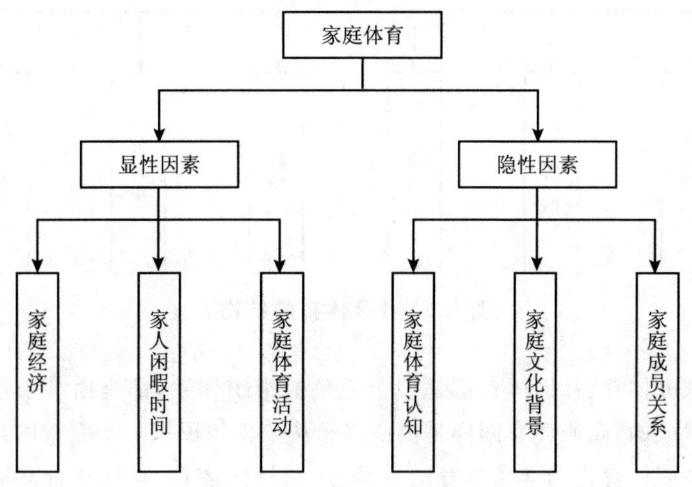

图 8-1　家庭体育的结构①

（二）社区体育

社区体育是指以社区内生活的全体社区成员为主体，以社区的自然环境及所有体育设施为物质基础，以增进社区成员的身心健康，满足社区成员的体育需求，同时发展和巩固社区成员之间的社区感情为目的，遵循就近就便原则而开展的区域性群众体育活动。②

社区体育是一个比较复杂的社会组织，由诸多要素构成。社区体育各个要素之间既相对独立，又密切关联，不同因素发挥着不同的作用和价值。从社区体育的内涵和新时期社区体育的现状来看，社区体育的构成要素如图 8-2 所示，由图可知社区体育有组织、有管理、有过程，各部分有序配合，整体上促进社区体育的发展。

① 马海娜．社区体育、学校体育和家庭体育的耦合特征研究［D］．中国矿业大学，2016：15.

② 王凯珍，李相如．社区体育指导［M］．桂林：广西师范大学出版社，2005：4.

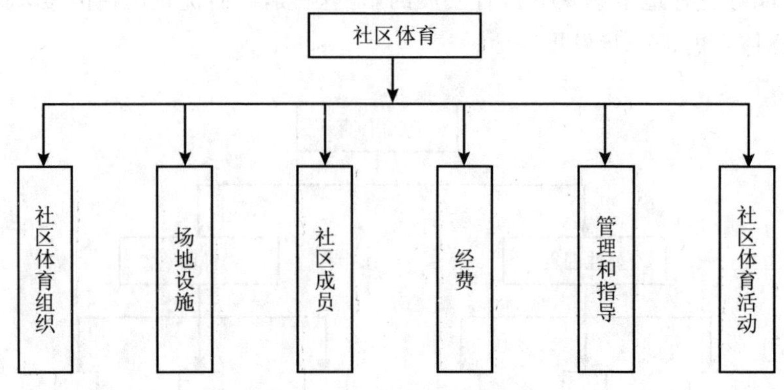

图 8-2　社区体育的结构①

家庭体育、社区体育都是一个完整的组织体系，都是由各个小系统结构组成的，高职体育同样是由诸多结构要素组成的一个完整的组织体系。高职体育作为学校体育的一部分，与社区体育、家庭体育共同构成了终身体育结构体系。

二、学校体育与家庭体育、社区体育的关系

（一）相通性

学校体育、家庭体育、社区体育都独具特色，相互区别，同时也存在必然的联系。

1. 地域性

学校体育、家庭体育、社区体育的地域性都比较强，每个地区的学校体育、家庭体育、社区体育都继承了当地的民族体育传统文化，具有地域性和民族性。

① 马海娜．社区体育、学校体育和家庭体育的耦合特征研究[D]．中国矿业大学，2016:35.

2. 内容多样

学校体育、家庭体育、社区体育的内容都是丰富多彩的，而且很多活动的参与者都是同一主体。

3. 开放性

学校体育、家庭体育、社区体育都具有不同程度的开放性，家庭体育和社区体育的活动场所、活动时间、参与成员不固定，是比较自由和开放的。虽然学校体育是在学校范围内进行的，但是在学校体育改革中，学校尤其是高校逐渐开设了徒步穿越、野外生存、登山等户外拓展性体育项目，这些利用自然环境开设的项目需要走出校门，亲近大自然才能参与，可见学校体育也具有一定的开放性。

4. 选择性

学校体育、家庭体育、社区体育都具有一定的选择性，参与者可以根据自己的兴趣爱好和实际需求选择恰当的体育活动内容。社区体育的参与者可以是以个人为单位，也可以是以家庭为单位，他们参与社区体育活动的选择性更为突出，可以根据社区体育资源选择相应的活动内容。学校体育活动丰富多样，高校开设体育选项课，充分尊重学生的自主选择权，激发学生的自觉参与意识和参与积极性。

5. 目的性

学校体育、家庭体育、社区体育的目标都是提高参与者的体质健康水平。随着社会的不断发展，对体育发展提出了更高的要求，体育不仅指向人们的身体健康，更提升到彰显一个国家的综合实力，体育也成为人们实现自我价值的一种依托。现在，体育越来越生活化、时尚化，体育消费水平也越来越高，各种体育目标的实现都是人类社会发展进步的表现。

总之，学校体育、家庭体育、社区体育在很多方面都是相通的，全民健身的发展离不开学校、家庭、社区的协同发展，因此要加强三者之间的有效互动，促进优势互补和共同提高。

(二)相互关系

家庭体育和社区体育同属社会体育的范畴,分别是社会体育的两种不同组织形式。在社会体育发展中,社区体育和家庭体育有不同的思想体系,相对独立。学校体育在社区体育和家庭体育之间起着承上启下的作用,是连接社区体育和家庭体育的桥梁。

终身体育理念下学校体育不再能完全满足人们对健康的需求,终身体育不仅包括学校的体育教育,人们最早是在家庭中接触体育锻炼,在家庭体育氛围良好的环境中生活的孩子,更容易养成身体锻炼的好习惯。政府大力支持社区体育的发展,投入资金建设社区健身广场、体育俱乐部等,为人们参与体育锻炼提供便利,满足了人们参与体育运动的需求,促进了人们身心健康发展。

总之,学校体育、家庭体育和社区体育有着密不可分的关系,三者相互作用、相互渗透、相互影响,共同构成了人类终身体育的工程体系。

三、高职体育与家庭体育、社区体育一体化发展的必要性分析

(一)适应社会发展的需要

我国社会不断进步,经济发展迅猛,客观上要求体育事业不断进步,与其他领域的发展保持同步,而只靠学校体育不能满足体育事业的发展需求,还需要大力发展家庭体育和社区体育。

在人才强国的战略背景下,社会对人才的要求越来越高,越来越全面,通过社区、学校和家庭联合发展体育,能够培养大学生良好的身心素质、社交能力和创新能力,使其满足社会建设的需要。

(二)实现健康人生的需要

随着人民群众生活质量的不断提高,对健康的需求也显著增加和提

升。在复杂的社会环境中，人们的身心健康受到很多不良社会现象的影响，而且恶劣的自然环境也使人们的身心健康受到严重危害。在现实背景下，推动体育的群众化、生活化改革，推动高职体育、社区体育、家庭体育的互动发展，能够有效提升人们的身心素质，促进个体健康成长和协调发展。

（三）促进情感交流的需要

在社会竞争越来越激烈的今天，学习和工作占据了人们的大部分时间，人与人之间缺乏情感交流。现代体育是情感交流的重要方式之一，参与体育活动不仅能愉悦身心，还增进了人际关系。高职院校和社区联合组织体育活动，鼓励学生和社区家庭参与，促进学生之间的了解、社区居民之间的了解以及学生对社会的了解和社会对学生的了解，增进各方面的情感交流，推动和谐社会建设。

（四）发展素质教育的需要

在素质教育改革背景下，国家越来越重视大学生的体质健康，调查研究发现全国大学生体质健康状况还不够稳定，部分指标有下降趋势。这就要求学校、社会和家庭共同关注大学生的体质健康，一些高职院校主动与社会、家庭合作交流，在外界的支持下完成学校体育工作，与家庭、社会共同关注与监督学生的体育锻炼和生活。高职院校与社区、家庭合作组织丰富有趣的体育活动，为大学生创造更多的锻炼机会。

四、高职体育与家庭体育、社区体育一体化发展的策略

（一）强调体育资源共享

1. 体育物质资源共享

我国高职院校的体育设施资源配置比较齐全，但是利用率较低，一

些高职院校制定了资源开放政策，节假日期间将学校体育场地、器材设备等物质资源对外开放，并严格管理，这样便为家庭体育活动和社区体育活动的开展提供了良好的物质条件，同时也促进了高职体育资源利用率的提升，解决了资源闲置与浪费的问题。

2. 体育人才资源共享

不管是高职体育，还是家庭体育和社区体育，它们的发展都离不开专业指导员的科学指导，体育活动的组织实施效果一定程度上是由专业指导员的水平所决定的。因此，政府要加强对培养与利用体育专业人才的规划，面向高职体育专业人才做好专业岗位配置工作，将更多的实习与就业机会提供给体育专业学生，解决高职学生的就业难题，这类人才将成为发展社区体育、学校体育的重要人力资源。

总之，来源于高职院校的体育专业人才在家庭体育、社区体育的发展中将发挥重要作用，这对高职体育、社区体育和家庭体育的交互发展具有重要意义。

3. 体育文化资源共享

体育文化是体育的灵魂，是体育事业发展中最为关键的因素。不管是社区居民、高职大学生还是家庭成员，任何个体对体育文化进行学习，加深了解，都有助于促进个体综合素质与修养的提升。在高职体育、家庭体育和社区体育的一体化发展中，应该加强体育文化交流，促进资源共享和相互渗透，采取多种传播路径来推动体育文化的宣传，如广播、宣传栏、论坛、讲座等，广泛传播体育精神，从文化层面进行普及性的、渗透性的体育教育，实现中华民族体育文化成果的全民共享。

（二）构建良性互动机制

1. 建立基础保障机制

高职体育、家庭体育与社区体育的互动发展需要有经济支持、法律保护和文化保障，三者缺一不可。

(1)经济支持

经济支持是高职体育、家庭体育与社区体育三者互动发展的基础条件,如果没有资金投入和良好的经济环境,三者各自的发展都会停滞不前,缺乏物质保障,更不可能实现一体化、融合化发展。

(2)法律保护

高职体育、家庭体育与社区体育各自的发展及相互协同发展都需要政策指引与法律保护,否则体育活动的开展就会没有秩序,变得混乱不堪、杂乱无章,无法顺利进行。

(3)文化保障

不同国家与民族都在漫长的发展历史中形成了独具特色的文化,对本国与本民族人民的思想观念、行为方式、情感价值观等都产生了重大影响。鉴于文化的重要性,在高职体育、家庭体育与社区体育的一体化发展中必须加强文化层面的保障,建立相关的文化保障机制,从内在提升三者一体化发展机制的运作效果。

2. 建立组织保障机制

高职体育、家庭体育与社区体育是三个既相互独立又密切联系的体育组织单位,均具有服务性,我国体育事业的发展要求加强三者之间的良性互动与耦合。

高职体育和社区体育都有自己的组织单位,但都有待于进一步完善。在家庭体育的发展中尚未建立专门的体育组织,家庭体育研究者建议成立家庭体育协会,在组织的引导下与学校体育、社区体育进行互动和交流,实现协同发展。在高职体育与社区体育的交流互动中,可以将家庭体育协会作为纽带,家庭成员可以参与高职院校和社区共同举办的体育活动,并为活动的顺利开展献计献策。

在高职体育、家庭体育与社区体育融合发展背景下,三者一体化的体育活动的组织效果直接由相关体育组织之间的交流互动决定,我们可以借助三者的体育组织互动平台来引导高职学生、广大群众积极参与体育活动,由高职院校的专业体育工作者组织管理体育锻炼活动,对参与者进行科学指导,提高活动效果。

3. 建立评价反馈机制

在高职体育、家庭体育与社区体育的一体化发展中，基于三者之间的相互关系建立双向互动机制，互相进行评价，根据评价结果的反馈信息调整各自的发展模式及三者的互动发展模式。高职体育、家庭体育与社区体育的一体化发展需要高职体育工作者、学生家长和社区居民参与讨论和评价，体育组织管理者整理评价反馈信息，及时发现问题，制定改进方案，促进三者的和谐发展。

参考文献

[1]王磊. 高职体育健康教程[M]. 成都:电子科技大学出版社,2020.

[2]秦虎. 高职体育教程 第5版[M]. 重庆:重庆大学出版社,2020.

[3]钱雪龙,孙亚军,蒋安宁. 高职体育与健康教程[M]. 长沙:湖南师范大学出版社,2019.

[4]郭大勇,黄志国. 高职体育理论与实践教程[M]. 北京:航空工业出版社,2020.

[5]刘贵友. 高职院校体育素质拓展教育课程改革研究[M]. 南昌:江西科学技术出版社,2018.

[6]曾永忠,董伦红. 高职体育课程体系改革与构建研究[M]. 武汉:华中师范大学出版社,2009.

[7]谭丽清. 素质教育视角下的高职体育课程改革与建构研究[M]. 长春:吉林大学出版社,2016.

[8]林继强. 改革开放三十年苏州市高职院校田径教学的历史回顾、现状与展望[D]. 苏州大学,2009.

[9]丁伟胜. 健康中国背景下高职学生体质健康管理模式构建研究[J]. 青少年体育,2021(5):36-37.

[10]林雪云. 关于高职体育管理模式创新的思考[J]. 漳州职业技术学院学报,2015,17(3):90-94.

[11]邹穗晖,黎绮霖. 体育信息化与高职院校体育管理模式创新方法论[J]. 当代体育科技,2013,3(13):115-116.

[12]胡嘉樵. 普通高等学校体育经费管理刍议[J]. 辽宁高等教育研究,1989(2):98-101.

[13]徐持忍. 关于高校体育经费管理工作的思考[J]. 上海体育学院学报,1995(S3):39-40.

[14]葛邵鹏程,王雪飞. 高校体育场馆管理模式的创新与实践[J].

管理观察,2019(36):59-60.

[15]刘琦,周萍.普通高校体育场馆管理模式的比较分析[J].当代体育科技,2020,10(7):144+146.

[16]郭成.校园体育文化[M].北京:中国科学文化出版社,2003.

[17]樊晓东,杨明等.学校体育文化建设[M].武汉:武汉大学出版社,2016.

[18]鲁葵蓉.高职院校田径教学面临的困境与改革探讨[J].运动,2014(12):130-131.

[19]赵毅砥.广州市高职院校公共体育课程篮球项目教学现状与改革对策研究[D].广州体育学院,2021.

[20]陈辉.新时期下高职院校篮球教学改革发展思路的探讨[J].中国多媒体与网络教学学报(中旬刊),2021(10):53-56.

[21]姚森.长春市高职院校篮球教学现状及对策研究[D].吉林大学,2014.

[22]李娜.广州市高职院校健美操教学现状调查与优化研究[D].广州体育学院,2017.

[23]吴婕.高职院校健美操教学现状及创新思路研究[J].中国储运,2021(9):136-137.

[24]王云飞.新时期我国高职游泳选项课模块化教学的创新研究[J].体育科技,2015,36(2):136-138.

[25]马秀梅.高职游泳教学改革的探索[J].保山师专学报,2007(6):93-96.

[26]张建龙,王炜.体育教学方法优化组合的依据、原则与程序[J].新西部(下半月),2009(5):241+238.

[27]李蓁.试论篮球教学方法的设计原则及有效性运用[J].当代体育科技,2015,5(10):166+168.

[28]冯建辉.高职院校课外体育活动开展困局及对策研究[J].唐山师范学院学报,2018,40(6):131-134.

[29]曹智.高职院校开展课外体育活动的研究[J].当代体育科技,2020,10(5):192+195.

[30]陈东.高职院校开展课外体育活动的现状及对策分析[J].冰雪体育创新研究,2021(19):78-79.

[31]周明.高校体育俱乐部运行机制研究[J].体育世界(学术版),

2020(2):2-3.

[32]郭磊. 高校体育俱乐部建设的意义与策略[J]. 中国市场,2015(24):180-181.

[33]杭金章. 试析高职体育社团作用与建设[J]. 江苏科技信息,2015(16):71-73.

[34]蒋海波. 高职体育社团在高等职业教育中的地位与作用[J]. 当代体育科技,2018,8(7):109+111.

[35]吴云. 围绕学生职业素养培养组织高职学校体育拓展训练的探究[J]. 体育世界(学术版),2015(1):116-118.

[36]董翔,吴青,蒲卫晖. 高职院校运动队训练方法及手段的创新[J]. 运动,2017(2):126-127+143.

[37]徐江波. 苏南地区高职院校运动队建设的现状调查与发展对策研究[D]. 苏州大学,2011.

[38]赵钧. 高校体育训练创新的重要性及策略研究[J]. 田径,2021(5):5-6.

[39]朱先敢,蔡金明,周瑶. 高校体育俱乐部选项教程[M]. 北京:北京体育大学出版社,2017.

[40]桑治刚. 促进高校体育产业化发展的思考[J]. 安阳师范学院学报,2014(5):90-92.

[41]黄成旭. 高校体育产业化的解析[D]. 陕西师范大学,2008.

[42]孙蕊,张军. 有关高校体育产业化的思考[J]. 现代营销(下旬刊),2018(6):80-81.

[43]高培军. 探讨高校公共体育服务形式与途径[C]//. Proceedings of 2015 3rd International Conference on Education Reform and Management Innovation(ERMI 2015),2015:168-171.

[44]吴坚,邹钧人,汪映川. 全民健身视野下高校体育教育大众化研究[J]. 科教文汇(上旬刊),2017(12):81-83.

[45]叶鹰等. 论构建高职体育与企业体育一体化课程教学体系[J]. 哈尔滨职业技术学院学报,2013(2):28-29.

[46]王松涛,孟军. 构建高职体育与企业体育一体化课程教学体系[J]. 当代职业教育,2013(9):29-31+25.

[47]王松涛,孟军. 高职体育与企业体育融合互动理论认识[J]. 黑龙江教育学院学报,2013,32(3):188-189.

[48]马海娜. 社区体育、学校体育和家庭体育的耦合特征研究[D]. 中国矿业大学,2016.

[49]卢元镇. 社会体育导论[M]. 北京:高等教育出版社,2004.

[50]王凯珍,李相如. 社区体育指导[M]. 桂林:广西师范大学出版社,2005.

[51]吴棠. 高职体育与健康课程教学及实践研究[M]. 长春:吉林人民出版社,2017.

[52]郭成. 校园体育文化[M]. 北京:中国科学文化出版社,2003.

[53]徐华. 高职教师专业发展:困境与出路[M]. 上海:上海交通大学出版社,2017.